Série Prevenção de Fraudes

Os Golpes de Compras e Como Evitá-los

Blucher

Trevor Kitching

Os Golpes de Compras e Como Evitá-los

Série Prevenção de Fraudes

Os golpes de compras e como evitá-los, de Trevor Kitching

Título original: *Purchasing scams and how to avoid them*

Esta tradução de *Purchasing scams and how to avoid them*
é publicada por meio de acordo com Gower Publishing Limited

Blucher

Rua Pedroso Alvarenga, 1245, 4º andar
04531-012 – São Paulo – SP – Brasil
Tel.: 55 11 3078-5366
editora@blucher.com.br
www.blucher.com.br

Segundo o Novo Acordo Ortográfico, conforme 5. ed. do *Vocabulário Ortográfico da Língua Portuguesa*, Academia Brasileira de Letras, março de 2009

Ficha Catalográfica

Kitching, Trevor
Os golpes de compras e como evitá-los / Trevor Kitching; [traduzido por Editora Longarina]. -- São Paulo: Blucher, 2011.

Título original: Purchasing scams and how to avoid them
ISBN 978-85-212-0605-7

1. Aprovisionamento industrial 2. Fraude - Prevenção I. Título.

11-04854 CDD-658.473

Índices para catálogo sistemático:

1. Departamento de compras: Fraude: Administração 658.473
2. Golpes de compras: Prevenção: Administração 658.473

Conteúdo

Prefácio

Muito esforço do poder legislativo tem sido direcionado pelo governo, em todos os níveis, para a proteção dos consumidores domésticos, mas pouco tem sido feito para a proteção das empresas. Isso pode muito bem representar um problema, mesmo para grandes empresas, com Departamentos de Compras profissionalmente administrados. É sem dúvida uma grande dor de cabeça para milhões de pequenas empresas que estão no coração do comércio e indústria do Reino Unido.

Em grandes empresas, compras de baixo valor, geralmente, são delegadas a pessoas sem conhecimentos especializados ou treinamento em compras. As pequenas empresas muitas vezes não têm compradores profissionais que possam facilmente detectar e combater os golpes. São feitas por indivíduos com excesso de trabalho, que podem ser tão vulneráveis aos golpes como qualquer cliente doméstico. Na verdade, essa mensagem tem sido passada com frequência aos legisladores e creio que possa finalmente ter conseguido chegar a alguns, mas não a todos, e em hipótese nenhuma de forma plena.

A única proteção importante que podemos oferecer para as empresas na atual conjuntura é garantir que os golpes sejam amplamente divulgados para alertar as vítimas potenciais. As Câmaras de Comércio e, muitas vezes, outros parceiros, estão bastante empenhados em divulgar as notícias para aumentar a conscientização sobre esses golpes. Fiquei muito contente quando fui abordado pelo autor, Trevor Kitching, para não apenas fornecer dados de experiência de nossos registros, como também para fazer um curto prefácio para este livro.

Este é um livro que eu recomendaria para todas as empresas, pequenas e grandes, uma vez que proporciona um *insight* sobre como evitar golpes direcionados às metas de negócios. Tenho, porém, que também repetir uma mensagem importante do livro. Nunca assuma que você conhece todos os golpes que lhe poderiam ser aplicados. Mesmo que tenha caído em todos aqueles em destaque neste livro, os golpistas inovadores estão constantemente surgindo com novas ideias e variações sobre um tema, de forma que a mensagem é ficar alerta e ajudar a acabar com essas práticas.

Tony Bradley
Diretor de Pesquisas
Birmingham Chamber of Commerce and Industry
(Câmara de Comércio e Indústria de Birmingham)

CAPÍTULO Um

Introdução – A Natureza do Golpe

Os Golpes de Compras e os Profissionais de Compras

Quando eu falo sobre os golpes de compras com os profissionais de Compras, eles tendem a entender exatamente o que quero dizer. Durante os primeiros anos da carreira de uma pessoa de Compras, o tempo é normalmente gasto em processar transações de baixo valor – usar pessoal barato e sem experiência é uma das maneiras de manter o custo de processar tais compras dentro de limites módicos. Durante esse período, eles frequentemente passam pelos vários golpes exemplificados neste livro – faturas falsas, solicitações que parecem faturas, entregas de bens não pedidos. De várias formas, isto acontece em todos os setores do comércio e da indústria.

O ceticismo parece ser um elemento incorporado ao caráter do típico profissional de compras, que percebe a maioria desses golpes. A curiosidade e o olho para detalhes, que também parecem parte da mentalidade dessas pessoas, as conduzem a ler aquela parte do documento impressa em letras pequenas (contendo detalhes do acordo ou garantia), que muitos outros negligenciariam. Escondida na parte do documento impressa em letras pequenas (contendo detalhes do acordo ou garantia), está a verdade sobre a natureza do negócio que está sendo proposto – tem que estar lá para oferecer algum tipo de proteção ao comerciante por uma acusação de fraude.

Se canalizados por uma unidade de aquisição e compras profissional, acredito que a maioria dos golpes de compras seria detectada. Os golpistas sabem disso e seu alvo é, portanto, o comprador não profissional, encarregado das responsabilidades sobre compras. Esse é um tipo de pessoa que gasta 5% ou 10% de seu tempo comprando. Essas pessoas nunca iriam se considerar compradoras; elas nunca tiveram um dia de treinamento em compras, e tendem a pensar que trabalhar com compras é o mesmo que fazer compras. Muitas vezes, o alvo do golpista é a escriturária ou secretária (se forem funcionárias de meio período ou temporárias, tanto melhor para o golpista); em outras ocasiões, é o Diretor Financeiro ou o Gerente Geral, particularmente no caso de empresas menores. Ninguém com o poder de comprometer o dinheiro da empresa está livre da atenção dos perpetradores desses golpes.

Descentralização e Transferência – o estilo para os golpistas

A maior tendência de gerenciamento nas últimas décadas são a descentralização e a transferência de responsabilidades. Um dos efeitos colaterais dessa tendência é a explosão no número de pessoas de setores distintos que incorporam a função de comprador de meio período ao seu emprego.

A descentralização e a transferência de responsabilidades não são inerentemente más. Seguir cegamente a tendência sem entender as consequências é, contudo, uma receita para o desastre, e imaginar que ela possa ser aplicada à função de comprar sem controle, treinamento, sistemas aperfeiçoados e coordenação, deixará os golpistas lá fora esfregando as mãos de contentamento.

As empresas que acham que eliminam o risco ao limitar o pessoal júnior a um valor de £ 1.000 ou £ 500 em cada transação estão equivocadas. Com certeza, o risco de o funcionário cometer fraude por um retorno pequeno como esse é baixo. Entretanto, golpistas ficam muito felizes em obter de £ 300 a £ 400 de retorno por muito pouco, especialmente quando sabem que há milhares de outras empresas cujos sistemas são tão negligentes quanto o seu.

Então, Que É Golpe de Compras?

Minha definição é: “um mecanismo pelo qual pessoas inescrupulosas tiram vantagem de compradores ingênuos e de sistemas de empresas negligentes para tirar quantias exorbitantes de dinheiro por mercadorias ou serviços que são menos do que o cliente esperava”.

É importante notar que geralmente essa prática é realizada de tal forma que o golpista pode tentar sustentar que ela é totalmente legal. Se um ladino apresenta uma situação em que um funcionário inocente de uma organização negligente pode ser enganado, quem pode ficar surpreso com o resultado? E quem é responsável – o ladino com seu desejo de ganhar dinheiro fácil, o empregado por sua ignorância e falta de cuidado, ou o empregador por permitir que se faça uso do dinheiro sem evidência de qualquer coisa de valor em troca?

Alguns poderiam argumentar que a lei e seus agentes aplicadores da lei erram por não serem capazes de impedir os golpistas de comercializarem. Mas o princípio de *caveat emptor* (expressão latina que significa "o risco é do comprador") se aplica. Se o golpista informa a natureza do negócio claramente na documentação, quem realmente deve ser culpado quando o comprador não lê as informações colocadas em sua frente?

Em defesa de todas as vítimas de golpes do passado, é justo salientar que os golpistas, provavelmente, são muito hábeis na arte de enganar. Não é enganar no sentido penal; como veremos a seguir, os golpistas analiticamente tentam evitar ficarem vulneráveis à acusação de fraude penal. Melhor: é logro, semelhante ao praticado pelo mágico; um ato de fumaça e espelhos para confundir, para desviar a atenção da vítima da realidade. Exemplos disso são documentos que parecem faturas, mas absolutamente não são faturas de verdade (consultar Capítulos 3 e 4). O objetivo do ato é fazer a vítima se sentir segura para pagar um preço superior ao valor de mercado, sempre criando confusão e fazendo o comprador pensar que está tirando vantagem.

Minha definição de golpe é um pouco diferente daquela do dicionário porque estou tentando muito fazer a distinção entre golpe e fraude. *The Oxford English Dictionary é* particularmente inútil nesse sentido, uma vez que sua definição de *golpe* é "perpetrar uma fraude; trapacear; enganar; iludir", ao passo que, de acordo com o *OED*, *fraude* é "defraudar, trapacear ou iludir". É um pouco difícil detectar a diferença entre as duas definições. Outros dicionários são mais úteis; o *Chambers* define golpe como "um esquema de fazer dinheiro por meios desonestos", ao passo que fraude é "o crime de ganhar dinheiro ou algum outro benefício deliberando ações enganosas". Assim, a distinção fica estabelecida entre golpe (que é um esquema) e fraude (que é um crime).

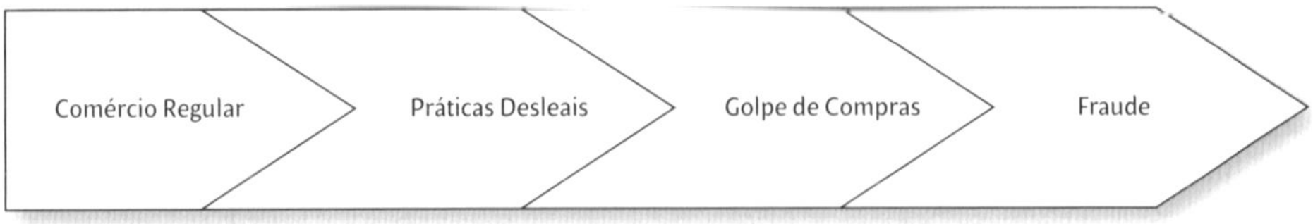

Figura 1.1 *Continuum* de práticas comerciais

Pela minha definição, o golpe se encaixa em algum lugar no *continuum* de práticas comerciais apresentado na Figura 1.1. O comércio regular/honesto é o que acontece quando um fornecedor cobra de seus clientes um preço que reflete o esforço, o risco e os recursos que entram no fornecimento de mercadorias ou serviços e rende uma margem de lucro que não é excessiva. É impossível dizer o que constitui uma margem excessiva de lucro porque o esforço, o risco e os recursos variam em cada transação.

A maioria das transações é regular/honesta – elas têm que ser, porque na maioria das indústrias, a competição gera fornecedores rivais que se prejudicam mutuamente para obter um lucro justo, mas que não poderiam sustentar um negócio se eles constantemente negociassem de uma forma que rendesse menos que um lucro satisfatório.

Procedimentos desleais ocorrem quando os fornecedores aproveitam os seus conhecimentos sobre o custo dos bens ou serviços para eles (os fornecedores) e o valor desses bens ou serviços para você (o cliente) para fixar o preço dos bens ou serviços em tal nível que o retorno que obtêm pelos seus esforços, risco e recursos é desproporcionalmente alto. Assim, o procedimento desleal fica aquém de um *golpe* por realmente entregar o que o cliente achava que ia receber, embora a um preço mais elevado do que precisaria ter pagado se o seu conhecimento de mercado fosse melhor.

O golpe leva essa atividade questionável do fornecedor um passo adiante. Quando ocorre um golpe, o golpista sabe que o comprador não percebe o verdadeiro valor do que está sendo oferecido e explora ativamente a ignorância do comprador. Assim, não só o comprador não reconhece que não está recebendo um bom valor, mas geralmente não tem noção real do que está comprando, se é que percebe que está mesmo entrando em um contrato de compra.

A fim de proteger-se, o golpista deve tentar consegui-lo sem empregar o que os tribunais poderiam reconhecer como dolo ou má-fé – caso contrário, ele estaria nitidamente se dispersando na área *fraude* do diagrama apresentado. Os golpistas tentam construir, para si próprios, uma defesa jurídica antecipada para as inevitáveis denúncias e investigações. Eles não têm necessidade de cometer fraudes passíveis de ação penal; há muitos compradores de meio período, dispostos a comprometer os recursos financeiros de seus empregadores com a compra de bens ou serviços inúteis ou grosseiramente superfaturados. Pode-se notar que os perpetradores do golpe da Nigéria (Capítulo 5) não entram nesse jogo ou, de fato, em nenhum outro.

A fraude envolve engano ou deturpação, mas golpes podem abranger uma série de procedimentos que uma pessoa sensata consideraria inaceitáveis ou condenáveis. A lei, na maioria dos países, não tem controle total sobre o comércio de procedimentos ilegais do tipo descrito neste livro, pois as leis tendem a ser criadas numa tentativa de evitar paternalismo, levando em conta o impacto real ou potencial sobre as vítimas. As empresas são vistas como capazes de cuidar de si próprias contra as práticas abusivas dos golpistas. Além disso, se elas cederem a essas práticas, o impacto financeiro em geral será relativamente pequeno.

A fraude não está especificamente definida no estatuto inglês. Os tribunais decidem o ponto em que a conduta desonesta se torna fraude. Os golpistas que se perdem na área de fraude ficam vulneráveis ao processo de acusação sob a *Theft Act* de 1968 (Lei de Furtos de 1968). A Seção 15 dessa lei aborda a obtenção de bens ou vantagens pecuniárias por fraude. Uma pessoa que, por qualquer artifício, obtenha desonestamente uma propriedade pertencente à outra, com a intenção de privar definitivamente o outro de sua propriedade, comete um crime passível de prisão. É por isso que o golpista escreve exatamente o que está fazendo na parte do documento impressa em letras pequenas (contendo detalhes do acordo ou garantia) para evitar a acusação de fraude. Algumas das práticas que descrevo neste livro se desviam para a área de fraude. Isso é inevitável, dada a zona muito nebulosa entre uma fraude e um golpe.

Golpes de Consumidores

A variedade de golpes de compras abordados neste livro limitam-se aos perpetrados contra empresas. Toda uma infinidade de outros golpes é perpetrada contra o consumidor, mas seria impossível detalhar todos eles neste volume. Exemplos de golpes de consumidores incluem:

- Mercadorias falsificadas, embora estas também possam ser um problema para as empresas, particularmente em áreas como *software* (em que as perdas anuais provocadas pela indústria da falsificação são estimadas em US$ 10 a 15 bilhões por ano) e componentes de alto valor (por exemplo, aeroespaciais).
- Venda em pirâmide, hoje muitas vezes mais educadamente chamada de *mercado multinível*, *mercado de rede* ou *franquia multinível*. Pode ser comércio legítimo, mas que, muitas vezes, não envolve a transferência de um produto ou serviço legítimo em troca do dinheiro pago, cujo caso é ilegal.
- Investimento em ações sob pressão é, frequentemente, aplicado no empresário/gerente de pequenas empresas, mas ninguém mais suspeita que um nível moderado de riqueza pessoal possa ser alvo de vendedores promovendo investimentos em empresas obscuras, sobre as quais eles têm informações internas que estão dispostos a compartilhar com o investidor/vítima/otário.
- Correntes – muitas vezes são um golpe para ganhar dinheiro, mas, mais frequentemente, são simplesmente um incômodo. Uma versão pedia (honestamente) para arrecadar dinheiro para um hospital infantil de referência. O hospital ainda está tentando interrompê-la porque é um meio embaraçoso de angariar fundos. No Reino Unido, a maioria das correntes que envolve dinheiro é ilegal, conforme a *Lotteries and Amusements Act* (Lei de Loterias e Divertimentos). Nos Estados Unidos, uma corrente semelhante formou cascata na Internet, alegando (erroneamente) que 3 centavos seriam dados à *American Cancer Society* (Sociedade Americana do Câncer) cada vez que a mensagem fosse encaminhada.

- O esquema Ponzi (nomeado como seu pioneiro Charles Ponzi) é uma combinação de investimento em ações (sob pressão), mercado multinível e uma corrente, na qual alguém vende ações da sua *empresa*. O primeiro grupo de pessoas a comprar é recompensado com generosos *dividendos* e diz a todos os seus amigos para comprar mais ações. Isso continua até que a pirâmide fique tão grande que a pessoa de baixo não receba nada e a pessoa no topo receba muito.

Além disso, eu não irei abranger vendedores desonestos de habitações periódicas, de golpes de trabalhos em casa (por exemplo, encher envelopes), oficinas que *fazem o velocímetro* de automóveis de segunda mão, construtores mal intencionados ou qualquer um dos golpes destinados principalmente a consumidores domésticos ou *fazedores de compras* (em oposição ao *comprador/profissional de Compras*). A razão para a omissão desses golpes de *consumidores* neste livro é que tantas outras fontes de informação, orientação e proteção estão disponíveis para os consumidores que eles não precisam realmente ler sobre esse assunto em um livro que se destina principalmente a ajudar as empresas e pessoas de negócios. Se o consumidor não prestar atenção aos programas de televisão, reportagens da imprensa e avisos da polícia sobre o tipo de atividades listadas acima, então o *Office of Fair Trading* (Órgão de Proteção ao Consumidor), ou o *Trading Standards Office* (Órgão de Padrões de Comércio) local, ou algum cão de guarda equivalente estará preocupado em proteger seus interesses.

Um recente documento oficial publicado sob os auspícios do Ministério do Comércio e Indústria do Reino Unido (observe: Comércio e Indústria), intitulado *Mercados Modernos: Consumidores Confiantes*, focalizava quase exclusivamente os *consumidores domésticos* e incluía diversas medidas para negociar com *comerciantes desonestos*, mas nada que eu pudesse identificar como uma forma de lidar com os golpes contra compradores comerciais que são descritos neste livro. O documento oficial destinava-se a "beneficiar todos os consumidores, mas o governo vai focalizar particularmente as necessidades das pessoas com menos habilidades de compras desenvolvidas, aquelas que são socialmente excluídas e aquelas com baixos rendimentos, que têm menos condições financeiras para dispor de um valor mínimo em uma compra ruim". Eu gostaria de traduzir isso como: se você dirige um pequeno (ou grande) negócio e uma pessoa sem escrúpulos lhe aplica um golpe de algumas centenas de libras, então, você está por sua conta e nós iremos fazer pouco ou nada para impedir que ela repita o golpe contra outra pessoa. Esse tem sido bem o caso, seja qual for o partido político no poder.

Esse julgamento pode ser um pouco rigoroso, dado que o documento oficial menciona também que "o governo deseja saber se pequenos negócios devem ser protegidos pela lei atual dos consumidores" – o que seria uma ajuda. Os planos do governo também seriam úteis nos seguintes casos: "poder para os tribunais quanto à concessão de liminares contra práticas específicas realizadas por determinados comerciantes; poder para os tribunais de proibir a comercialização, por um período de tempo, feita por aqueles comerciantes com histórico de negligência com suas obrigações legais; o poder da *Secretary of State for Trade and Industry* (Secretaria do Estado para o Comércio e Indústria) para criar disposições pela legislação secundária, especificando que certas práticas que têm se mostrado nocivas devem ser consideradas ilegais; a atribuição de poder de requerer injunções e interdições para as autoridades locais, bem como para o *Office of Fair Trading* (Órgão de Proteção ao Consumidor)".

Atualmente, o mesmo nível de informação e proteção que está disponível ao consumidor doméstico não está aos negociantes. Além disso, estes, particularmente, podem não ter recursos para pesquisar o que está acontecendo.

Este livro também se concentra nos golpes aplicados contra o pessoal de Compras, mais do que naqueles aplicados pelo pessoal de Compras. Não é ignorado pelas empresas que (eles) iniciam um negócio, adquirem bens a crédito e, depois, se desfazem dos bens rapidamente, antes de saírem do negócio, sem nunca pagarem os credores. É usual referir-se a isso pelo termo *golpe de longo prazo* e pode envolver o fraudador na compra de vários negócios. O motivo para comprar vários negócios é que eles podem dar referências uns dos outros quando solicitado pelos fornecedores, a fim de aumentar o crédito. Por outro lado, o trapaceiro pode adquirir um negócio estabelecido, mas ainda em apuros. Esse negócio irá fornecer clientela pronta e referências. Usando esse meio, o operador de *golpes de longo prazo* consegue fornecimentos (para revenda, mas que não serão pagos), carros da empresa (a serem roubados) e empréstimos. Você poderia, algumas vezes, obter proteção contra esse tipo de fraude, usando uma agência de crédito com boas referências, mas estes fraudadores farão o máximo para se certificarem de que seu negócio passa nesse teste.

Televendas

Muitos dos golpes que são objetos deste livro são feitos por televendas, isto é, vendas por telefone. A maioria das chamadas de vendas por telefone é feita por empresas genuínas oferecendo compras vantajosas de bens/mercadorias ou serviços. Porém, o restante inclui algumas oportunidades de investimento altamente duvidosas e tipos de produtos e serviços falsos descritos em muitos dos capítulos a seguir. Para ambos, as empresas genuínas e o golpista, qualquer um que tenha telefone é uma possibilidade; se você vai se tornar uma vítima ou não depende de sua resposta aos telefonemas.

De um modo ou de outro, o pessoal de televendas consegue seu nome (e isso é ridiculamente fácil); eles assumem que você está disposto a barganhar, que você tem simpatia por pessoas necessitadas e que (provavelmente) você é ganancioso. A pechincha que lhe está sendo oferecida por um golpista explora uma ou mais dessas características.

Os golpistas que promovem suas transações através de televendas podem bem mentir; eles cativam, convencem e, se for útil em favor de causa própria, eles intimidam e assediam. São mais verossímeis que o pessoal de vendas legítimo ao alternar para o modo de venda agressiva. Entretanto, são geralmente muito bons nisso. Eles têm muita prática e você tem pouca prática para afastá-los.

Você sabia que 10% de todo o telemarketing nos Estados Unidos é fraudulento?

Conflitos de Interesse

Os golpes descritos neste livro são em geral aplicados por indivíduos anônimos, remotos (frequentemente de países estrangeiros), com quem você provavelmente nunca irá se deparar cara a cara. Porém, você não deve perder de vista os potenciais perigos apresentados pelo seu próprio quadro de funcionários. Quando se trata de fraude sem reservas, o seu próprio pessoal é o principal suspeito. Golpes como notas superfaturadas também podem surgir se a lealdade de sua equipe não for exclusivamente voltada para você. Por exemplo, imagine a situação em que a secretária do escritório seja responsável por chamar um encanador se e quando necessário. Se ela for casada com um encanador, quem ela irá chamar? Se ele cobrar mais do que o trabalho vale, quem irá reclamar?

Por Que os Golpes Acontecem

A simples resposta à pergunta "por que os golpes acontecem?" é que eles são vistos pelos golpistas como uma maneira fácil de ganhar somas substanciais de dinheiro.

Se forem golpes verdadeiros (pela minha definição), eles mantêm as perpetrações no lado correto da lei (justo), não se expondo, assim, a nenhum risco real. Os golpes que funcionam são inevitavelmente repetidos várias vezes, evitando, dessa maneira, qualquer esforço para pensar em novas ideias. Eles geralmente extorquem das vítimas quantidades relativamente pequenas de dinheiro, reduzindo a chance de deixá-las irritadas fazendo muito estardalhaço, envolvendo a polícia ou atraindo muito a atenção da mídia.

Os golpes acontecem devido à característica da ganância humana. No entanto, a ganância do golpista não é o único acionador no processo. Frequentemente, as vítimas de golpe também são gananciosas e o golpista explora essa fragilidade humana, dando a aparência de que o negócio em oferta é "algo por nada" ou, pelo menos, uma verdadeira pechincha.

Um exemplo da *cultura da ganância* é mostrado, na minha opinião, pelo sucesso da indústria da hospitalidade corporativa. Sempre que há um acontecimento maior de eventos desportivos ou teatrais, os melhores lugares são reservados para a hospitalidade corporativa. Hospitalidade corporativa se estende também a banheiras de hidromassagem, jogos de *paintball* e, o óbvio, a requintada acomodação de viagem. No entanto, quem paga por tudo isso? Bem, evidentemente a organização que pretende influenciar o destinatário paga por isso, normalmente, vendendo-lhe algo. Então, ficamos com duas possibilidades: (1) a hospitalidade corporativa ganha influência com o comprador – o que, na minha opinião, é corrupção; ou (2) a hospitalidade corporativa não ganha influência – caso em que os acionistas da empresa fornecedora de hospitalidade foram mal atendidos por seus funcionários que adquiriram a hospitalidade. Na maioria dos casos, entretanto, essa hospitalidade é difícil de justificar, mas *todo mundo* faz isso. Uma das razões é que isso é encorajado pelos membros seniores da equipe na maioria das organizações. Eles são as pessoas que mais podem se beneficiar da hospitalidade e que têm maior probabilidade de oferecê-la a seus colegas em uma tentativa de ganhar influência. Então, como é que eles esperam que os membros juniores da equipe se comportem, se lhes for oferecido um vale presente ou meia dúzia de óculos como um "muito obrigado" por colocar um pedido?

Os funcionários seniores estão estabelecendo uma cultura corporativa que incentiva golpes. Eles devem estar formulando orientações claras sobre o que é prática comercial aceitável e o que não é. Se não estão, como podem reclamar se os golpistas ultrapassarem a linha?

Outro aspecto da cultura corporativa questionável que tenho observado é que funcionários seniores, muitas vezes, têm opiniões divergentes sobre corrupção externa e corrupção interna. Por exemplo, uma vez, realizei um projeto de revisão das práticas de compra de impressos em um grande banco. O banco estava preocupado porque um comprador sênior era muito próximo de alguns fornecedores regulares utilizados e frequentemente "ganhava prêmios" nas competições de golfe daqueles fornecedores regulares. Como parte da minha revisão, verifiquei algumas das impressoras e, ali, no escritório do gerente geral, estava uma fotografia do gerente geral do fornecedor, orgulhosamente exibindo uma televisão que ele havia ganhado no concurso de golfe do banco. Pouco tempo depois, ele fez um grande empréstimo no banco. Essa instituição financeira altamente respeitável pensava que era perfeitamente correto oferecer prêmios para ajudar na realização de negócios, mas não era admissível para um de seus empregados aceitar tais prêmios.

Outro motivo para que os golpes aconteçam é que eles têm permissão para acontecer. Embora eu me refira ao longo deste livro a golpes de compra, em muitos aspectos, eles seriam descritos de melhor forma como *golpes de pagamento*. Muitas vezes, eles não acontecem por causa da função de compras, mas porque outras pessoas não seguem as orientações que o pessoal de compras estabeleceu. Um exemplo é o pagamento antecipado. Não é boa prática empresarial pagar antecipadamente. Com raras exceções (por exemplo, cursos de treinamento, em que querem ter certeza que você vai retornar), você só deve comprar de empresas confiáveis, preparadas para operar em condições normais de crédito. Se as empresas adotassem a norma da empresa de pagar somente após ter recebido mercadorias ou serviços satisfatórios, nenhuma das fraudes descritas nos capítulos a seguir aconteceria.

Cultura Corporativa Continuada

Em se tratando de cultura corporativa, provavelmente seria válido considerar os méritos de promover uma cultura de *delação* dentro da sua organização. Eu gostaria de saber quantos golpes e fraudes evoluem apesar de alguém na empresa pensar que *isto é errado* ou *isto é estranho*, mas não faz nada para evitá-lo porque *não é minha função* ou *não é da minha conta dizer a eles que há um problema*. Um número demasiado de empresas retém uma cultura de *eles e nós* que reprime a comunicação em geral e a delação em particular.

Como São os Golpistas?

Do início ao fim deste livro, uso o termo *golpista* para descrever pessoas que tentam tirar o seu dinheiro de maneira um tanto desleal. Outros escritores podem ter escolhido os termos *artista-vigarista*, *trapaceiro* ou mesmo *fraudador*, mas, no meu modo de ver, o que eles fazem não é verdadeiramente um conto do vigário e, pela minha definição, geralmente não é fraude (o Capítulo 5 é uma exceção).

Os golpistas são levados por várias influências, mas, entre elas, temos as seguintes considerações:

- Oportunidade – qual o grau de facilidade para se perpetrar o golpe?
- Incentivo – quanto dinheiro ganharão?
- Detecção – eles serão descobertos?
- Sanção – eles estarão em apuros se forem descobertos?

Estão enganadas as pessoas que pensam que os golpistas são irrelevantes porque a perda financeira característica a cada golpe é baixa. Você não só está vulnerável a ser alvejado repetidas vezes se seus sistemas permitirem que os golpes lhe sejam aplicados com sucesso, mas também o custo de restaurar seus modos de trabalho para um estado adequadamente seguro será mais alto se realizado retroativamente do que se você tivesse feito isso logo na primeira vez. Igualmente importante, se seus sistemas permitirem os golpes, há chances de que eles também permitam atividades fraudulentas de muitos outros tipos. É provável que outras incompetências gerais aconteçam em seu negócio se você não operar práticas de segurança. Levar um golpe, entretanto, pode ser um sintoma de sérias falhas na forma como seu negócio é conduzido.

Barreiras Para Entrar

As pessoas precisam considerar as *barreiras para entrar* na linha de negócios escolhida ao iniciarem uma nova empresa comercial. Por exemplo, é muito mais fácil iniciar a maioria dos negócios no setor de serviços do que no setor de manufatura, pois o montante do capital inicial exigido é geralmente muito menor. Da mesma forma, alguns negócios (tais como medicina e direito) são relativamente difíceis para iniciar devido às restrições legais ou regulatórias. As barreiras para entrar, se você está inclinado a entrar no negócio de aplicação de golpes, são mínimas. Uma vez que tenha perdido suas inibições sobre jogar limpo, tudo o que você precisa é de uma lista de nomes e um telefone, ou uma simples impressora, e você já está a caminho. O advento da internet (Capítulo 9) significa que entrar no mundo de aplicação de golpes está mais fácil que nunca. Ela torna a aplicação de golpes mais fácil, mais rápida e mais global.

QueTipo de Pessoa Cai em Golpes?

Uma pronta resposta para essa pergunta seria uma pessoa ingênua e simples, mas que estaria subestimando o talento e a tenacidade dos golpistas. Essas pessoas sabem que todo mundo que está nos negócios, algumas vezes, se engana, e que os sistemas de contabilidade têm pontos fracos que eles podem explorar. Você não ficará surpreso ao ouvir, portanto, que os golpistas tentam lidar com funcionários que não estão familiarizados com procedimentos de compras. Todos os tipos de organizações levam golpes, dos maiores aos menores, mas o alvo favorito provavelmente é a empresa de pequeno ou médio porte. Essas empresas geralmente necessitam de sistemas de controle informatizados, sofisticados, e raramente empregam profissionais de compras, mas são suficientemente grandes para que todas as decisões não estejam nas mãos do proprietário/gerente (embora o proprietário/gerentes não sejam de forma alguma imunes aos golpes). O golpista achará que a vida é mais fácil ao lidar com empregados desatenciosos em empresas ineficientes, particularmente se funções como compras e contabilidade ficam em compartimentos organizacionais distintos. Dentro dessas empresas, a vítima do golpe irá variar da secretária temporária que faz pedidos de alguns itens de papelaria ao diretor financeiro que fecha contrato com consultores que *só economizam dinheiro* (você não acredita!).

Eu disse anteriormente que este livro só trata de golpes aplicados contra o pessoal de Compras e não pelo pessoal de Compras. Quando uso a expressão *pessoal de Compras*, entretanto, estou usando o termo em seu sentido mais amplo. Os golpes não são limitados ao Departamento de Compras (na verdade, eles raramente serão encontrados lá). Outras áreas de atividade, especialmente aquelas como marketing – onde os funcionários nunca se apercebem do *input* do valor que o profissional de compras pode trazer –, são muito mais prováveis de se tornarem vítimas do golpista. Também não é apenas o colocador de pedidos que precisa estar alerta sobre as práticas descritas nos Capítulos 3-9; os funcionários envolvidos nas atividades subsequentes ao processo de compras, por exemplo, pagamentos, também devem ser alertados sobre aquilo com que se deve tomar cuidado para evitar os golpes.

Conforme mencionado anteriormente, uma coisa que as vítimas sempre têm em comum com os aplicadores de golpes é a ganância. Os golpistas oferecem algo que parece de bom valor (ou até mesmo grátis) à empresa da vítima. Eles também sempre oferecem algo para a própria vítima (uma cortesia para *agradecer seu primeiro pedido*). A pessoa que aceita o *presente* sem obter outras informações e/ou uma segunda opinião convida o golpista a entrar em suas vidas.

Há, porém, problemas inevitáveis ao lidar com golpistas, uma vez que eles fizeram de você uma vítima. Se tentar obter compensação das pessoas que tiraram seu dinheiro, você descobrirá rapidamente que eles estão (ou declaram estar) legalmente no seu direito, ou você terá grande dificuldade em contatá-las, ou o tempo e o esforço envolvidos na luta contra o seu caso são desproporcionais ao valor de sua perda. Talvez uma bênção seja que as pessoas que percebem que levaram um golpe ficam geralmente tão aborrecidas que adotam certas medidas para se certificarem de que isso nunca mais lhes ocorra.

Por motivos práticos, portanto, este livro não pretende ser um manual para se recuperar de um golpe, mas, antes de tudo, um guia para evitá-los. As iniciativas em relação às fraudes devem centrar-se na prevenção, em vez de correção. Espero poder ajudar a proteger o desatento do inescrupuloso. Se você não se considerar desatento, espero que aprenda um pouco dos outros fatos úteis sobre golpes que você nunca teve consciência anteriormente.

Nunca assuma que sabe todos os golpes que poderiam ser aplicados contra você. Mesmo se deparar com todos aqueles destacados neste livro, os golpistas inovadores estão constantemente chegando com novas ideias e variações sobre um tema.

Se tiver caído em um golpe e quiser evitar que o mesmo aconteça no futuro, se você acha que seus sistemas de compras podem estar vulneráveis a fraudes ou se ainda não estiver muito claro o que é um golpe de compras, continue a ler.

CAPÍTULO **Dois**

Acertando a Função de Compras

Nos próximos capítulos, descreverei vários golpes aplicados a empresas. Cada capítulo terminará com uma descrição sobre como evitar aquele tipo de golpe em particular.

Como você se previne de se tornar uma vítima de todos os tipos de golpes? A resposta é operar sua função de compras de tal maneira que sejam pagas somente as compras devidamente autorizadas e justificadas. Parece muito óbvio, mas as empresas ainda negligenciam as compras – uma das funções essenciais do seu negócio. Na realidade, o efeito de as empresas ignorarem as compras e serem ignorantes com respeito a elas é que, na realidade, em muitos casos, não estão comprando: estão permitindo que as pessoas vendam para elas.

A Importância de Comprar

Vários estudos mostram que a maioria das organizações gasta entre 50% e 80% do volume de seus negócios na compra de mercadorias e serviços. Além disso, a companhia típica dedicará muito mais tempo e esforço para administrar o dinheiro gasto com o quadro de funcionários do que com os fornecedores. Uma reunião sobre aumentos salariais criará mais debate na sala da diretoria que uma reunião sobre aumentos de preços de fornecedor. A importância dada a essas funções significa que é muito mais provável que você se reúna com o diretor de Recursos Humanos do que com o diretor de compras.

Não é só em comparação com Recursos Humanos que Compras frequentemente parece ser a parte pobre da família corporativa. Ainda há um grande número de empresas que consideram Compras uma função de *back-office*, isto é, bem embaixo (ou em nenhum lugar) na lista das prioridades da sala da diretoria. Isso, para mim, revela uma falta de entendimento sobre o que é negócio em sua extensão maior.

Seja qual for o negócio em que esteja envolvido, você comprará coisas, agregará valores e venderá coisas. Isso se aplica se você for um fabricante (que agrega valor, montando componentes comprados), um varejista (que agrega valor pela decomposição de grandes volumes de compra de produtos e distribuição dos mesmos para um local conveniente para o consumidor) ou um prestador de serviços (que usa mercadorias e serviços adquiridos para criar um ambiente em que os serviços podem ser projetados, desenvolvidos e entregues). Assim, dado que todas as empresas compram coisas, agregam valor e vendem coisas, por que é que a maioria das empresas emprega mais vendedores do que compradores? Por que aqueles geralmente são mais bem pagos que estes? E por que é que são mais bem treinados do que os compradores?

A importância de Compras é subestimada em muitas, muitas empresas. Há umas poucas iluminadas, ilustres exceções, mas, na maioria das organizações, o setor de Compras tem deficiência de recursos, faz pouca pesquisa e é mal compreendido. Deficiência de recursos não apenas em termos de números absolutos envolvidos na compra, mas também em seu *status* e classificação. Se pagar por amendoim, você terá macacos. Se você usar a função como um cabide para os cansados, fracos e preguiçosos de sua empresa, então não haverá muito espaço para profissionais de compras alertas, pró-ativos, enérgicos, que poderiam ajudar a estabelecer sistemas para detectar e evitar golpes. Faz pouca pesquisa porque os fornecedores sabem muito mais sobre a transação do que os compradores. O fornecedor vai saber os custos da produção, a importância do cliente em termos da posição "top 20" e a provável evolução futura do mercado – quantas vezes o comprador está ciente de todas essas coisas? Compras é mal compreendida porque muitas pessoas a veem como uma função de rotina de escritório que pode ser desempenhada por qualquer pessoa (bem, todos nós vamos às compras no fim de semana, não é?). O Setor de Compras profissional para a empresa tem de ser gerenciado profissionalmente. Se não for, os golpistas certamente irão se aproveitar, pois realmente são profissionais naquilo que fazem.

Negligenciar Compras e deixar os golpistas entrarem é comparável a deixar a banheira sem tampa. Mesmo que o fluxo de recursos em sua empresa exceda o vazamento, você não deve permitir que seus recursos escoem pelo cano de descarga.

Fazer Compras e Comprar

Sugeri no parágrafo anterior que muitas pessoas acreditam que suas excursões de compras de fim de semana, de algum modo, as qualificam como *compradoras*, com habilidades que podem ser transferidas para o local de trabalho. Há uma distinção importante a ser feita entre os *fazedores de compras* e os compradores que têm uma abordagem profissional.

Os *fazedores de compras* são pessoas que tomam suas decisões de compra com base em suas emoções ou sentimentos. Escolherão um produto baseadas no fato de que gostam do vendedor, ou se alguma coisa parece certa ou ainda se se sentem bem diante de uma proposta de compra que lhes é apresentada. Os vendedores em geral e os golpistas em especial adoram lidar com os clientes que deixam suas emoções dominarem as decisões de compras porque estes são muito fáceis de dominar e de manipular.

Os compradores que adotam uma postura profissional baseiam suas decisões de compra em fatos e não em sentimentos. Não são impulsivos e pesam acima de tudo as possibilidades e alternativas antes de tomar uma decisão. Verificam rotineiramente o que é dito pelos vendedores e tomam decisões objetivas com base nos fatos. Os vendedores que oferecem produtos ou serviços de bom valor sempre ficam felizes ao lidar com compradores competentes. Os golpistas reconhecem tais compradores de forma rápida e não perdem muito tempo com eles.

Organização de Compras

Não pretendo causar a impressão de que deva existir um profissional de Compras envolvido em cada estágio do processo de compras para prevenir golpes. O necessário é que o processo de compras seja controlado e gerenciado em cada estágio dentro de uma estrutura adequada. Isso normalmente é conseguido de uma forma melhor visualizando-se a função de compras em três níveis: estratégico, tático e operacional.

As tarefas estratégicas são relativas ao planejamento de longo prazo e à política. Elas incluem:

- obter uma visão global das despesas da organização a fim de agregar onde possível;
- analisar tendências e riscos de longo prazo;
- selecionar e gerenciar fornecedores-chave;
- tomar ou comprar decisões;
- desenvolver procedimentos;
- estabelecer objetivos táticos;
- desenvolver técnicas de compras entre os funcionários com responsabilidades táticas;

- introduzir módulos de compras para sistemas de *software* empresarial; e
- garantir a manutenção de padrões éticos adequados.

O nível estratégico de Gerenciamento de Compras determina o teor da compra na organização e tem papel-chave na prevenção de golpes, incluindo o estabelecimento de sistemas de compras e procedimentos. Naquelas empresas que delegam compras de nível tático e operacional, o nível estratégico é responsável por gerenciar a organização autorizada.

As tarefas táticas são aquelas que enfocam assuntos de médio prazo (especificamente olhando para as necessidades do próximo ano). Elas incluem:

- gestão e controle de contratos maiores;
- busca de fontes de novos fornecedores;
- locação e gestão de contratos de cancelamento;
- desenvolvimento de contratos;
- gestão dos processos de licitação para compras maiores;
- obtenção de *feedback* de usuários;
- monitoramento e gestão do desempenho de fornecedores; e
- compromisso com a análise de mercado em andamento.

O nível tático de compras pode ter um impacto maior, reduzindo-se o risco de golpes. Colocando-se em prática contratos de cancelamento com fornecedores preferenciais (sob os quais pequenas quantidades são pedidas com base em um acordo anual), a compra tática pode afastar a necessidade (ou pretexto) dos usuários finais de gastar dinheiro com organizações novas e desconhecidas. Por outro lado, criando-se especialistas funcionais na comunidade de compradores táticos, a capacidade de sinalizar transações normais é aumentada. Por exemplo, se as compras relacionadas a telecomunicações são canalizadas por um indivíduo, ele estará apto a saber se uma "fatura" para uma lista é verdadeira ou não; se tais "faturas" são processadas em vários pontos por toda parte da organização, as chances de um trapaceiro conseguir agir são maiores. Esse estilo de organização de compras está por aí há um longo tempo em muitas empresas. Os especialistas táticos são referidos de diversas formas como centros de responsabilidade ou centros de competência.

As funções de compras operacionais (dia a dia) incluem:

- colocar pedidos;
- obter cotações;
- monitorar qualidade;
- elaborar especificações de requisitos;

- usar contratos de cancelamento;
- expedir registros e fazer sua manutenção.

A área operacional é o *playground* dos golpistas. A não ser que a pessoa envolvida seja um comprador operacional (que, na maioria das organizações, geralmente não é profissional de Compras) devidamente treinado, apoiado por sistemas adequados e orientado por estrutura processual clara, os golpes chegam à sua empresa.

Nesse ponto, é importante não fugir da ideia de que tudo ficará bem se não for delegado à equipe operacional de funcionários nenhum poder de compras e que toda transação financeira seja aprovada por um membro sênior da equipe. Os membros seniores da equipe de funcionários tendem a ser pessoas ocupadas e, se estiverem defronte a uma pilha de documentos, provavelmente se apressarão a folhear as funções *triviais* rapidamente e se concentrarão nos itens que acharem interessantes. Os golpistas geralmente empreendem todo esforço para fazer sua própria documentação parecer rotineira e comum – os documentos deles são aqueles que as pessoas ocupadas assinam sem olhar uma segunda vez.

Pense nas pessoas em sua organização que têm o poder de compras – usando um formulário de pedido de compras, pedindo alguma coisa por telefone ou apresentando instruções de alteração no local do contratante. Seria uma boa ideia dar a cada uma dessas pessoas um talão de cheque da companhia? Se a resposta for *não*, você tem um mecanismo adequado para limitar essas pessoas com poderes de compra à competência delas?

Os Cinco Pontos Certos

Mais de uma vez, afirmei supor que um profissional de Compras seja mais propenso a identificar um golpe de compras do que, digamos, uma secretária ou uma recepcionista ou mesmo um diretor financeiro. Essas pessoas e outras na organização precisam ser protegidas dos golpes por sistemas e procedimentos desenvolvidos por alguém treinado em compras e uma mentalidade de compras.

Portanto, deve-se reconhecer que nem todas as pessoas de Compras são iguais, e em nenhum ponto isso fica mais claro do que em sua atitude relativa aos *cinco pontos certos*. Os *cinco pontos certos* são as coisas que os instrutores tradicionalmente treinados observariam em uma compra – a mercadoria (ou serviço) certa, do fornecedor certo, para o lugar certo, na hora certa, pelo preço certo.

Ainda que ninguém possa argumentar com os princípios envolvidos nos *cinco pontos certos*, há problemas em simplesmente aceitá-los como o modelo em que você irá basear sua filosofia de compras. Por exemplo, qual dos *cinco pontos certos* é mais importante? Eles nem sempre têm o mesmo peso. Por exemplo, algumas compras são menos suscetíveis ao preço que outras; a determinação de tempo é mais vital se você estiver trabalhando de acordo com os princípios *just in time* do que se estiver fazendo a reposição de estoque; há uma grande necessidade de comprar de um fornecedor *aprovado*, em algumas indústrias, e de alguns produtos em detrimento de outros.

O perigo de simplesmente adotar *os cinco pontos certos* como seu *mantra* de Compras é que você corre o risco de perder de vista as prioridades do negócio. Por exemplo, se você trabalha para uma organização cujo sistema de valores esmagador deva ter um ambiente de trabalho amigável, o ponto *o fornecedor certo* cumpre seu requisito em um aspecto, mas não capta o impacto ambiental total da atividade de compras.

O maior perigo aqui é que as pessoas enfocam somente um dos *cinco pontos certos* e perdem de vista o quadro maior. Aquele que geralmente lhes chama a atenção é o mais fácil de avaliar e que é mais plausível para ganhar o prêmio de seus chefes e parceiros – o preço certo.

Então, onde se encaixa o golpe de compras nesse modelo de *cinco pontos certos* da compra perfeita? Bem, se você tiver o *fornecedor certo*, não será um golpe, portanto, talvez o risco esteja sob controle. Entretanto, ainda me preocupo com o fato de os *cinco pontos certos* não estarem suficientemente priorizados para compras específicas e que haja alguma coisa faltando. Por exemplo, você deve ter as pessoas certas envolvidas no processo, os sistemas certos para apoiá-las, as éticas empresariais certas e o nível certo de controle sobre seus processos.

Para algumas organizações, pode ser que ter o nível certo de impacto ambiental seja de maior importância; para outras, será trabalhar com os fornecedores mais inovadores e originais. Sou propenso a resumir meu ponto de vista da seguinte forma: a compra efetiva está relacionada totalmente com o processo de compra certo. O fator mais importante nunca será obter o nível certo de evitar golpe; portanto, a não ser que se tenha um ponto de vista mais holístico, o risco pode persistir.

O ex-gerente do time de futebol do Liverpool, Bill Shankly, fez o famoso comentário: “Futebol não é uma questão de vida ou morte; é mais importante que isso.” Da mesma forma, do meu ponto de vista, comprar não é uma questão do valor do dinheiro, é mais importante que isso. Se você organiza compras de tal forma que obtenha vantagens de custo sobre seus concorrentes, isto também reflete o estilo de sua companhia. Se você organiza o setor de forma a negociar somente com os fornecedores mais eticamente confiáveis, estará fazendo uma declaração clara sobre os valores essenciais de sua empresa. Se, por outro lado, organiza compras de forma que deixe os golpistas tirarem o dinheiro de seus acionistas, você realmente dá a impressão de que sua uma empresa que não sabe o que está fazendo.

Posicionando Compras – Elevando Compras Para a Próxima Dimensão

O problema fundamental dos *cinco pontos certos* é que eles fazem pouco ou nada para desafiar o ponto de vista de *uma dimensão*, ou seja, que isso é apenas um processo transacional cujas requisições são processadas em pedidos e as faturas são processadas em pagamento.

O diagrama de posicionamento de compras (Figura 2.1), que é um parente próximo da conhecida matriz de Boston tão apreciada pelo pessoal de marketing (e especialmente pelos consultores), é atualmente um estímulo útil a pensar mais profundamente sobre o papel de Compras numa organização. No diagrama, o valor de cada compra é plotado em comparação com a respectiva importância para a organização.

Os itens da caixa direita superior (alto valor, alta importância) são de importância estratégica para a organização e demandam muito de tempo e atenção da equipe sênior de alto nível (especialmente os profissionais de Compras). Os itens da caixa direita inferior são de alto valor, mas não tão críticos para o bem-estar da organização – são compras ideais para o comprador de estilo negociador envolver-se (aquele tipo que pensa que comprar se resume à negociação). Na caixa esquerda superior estão aqueles poucos itens sem os quais a organização não pode passar, mas que não custam muito – pode ser contracultura para um consultor de cadeia de fornecimento dizer isto, mas você deve pensar em manter um pouco deles em estoque.

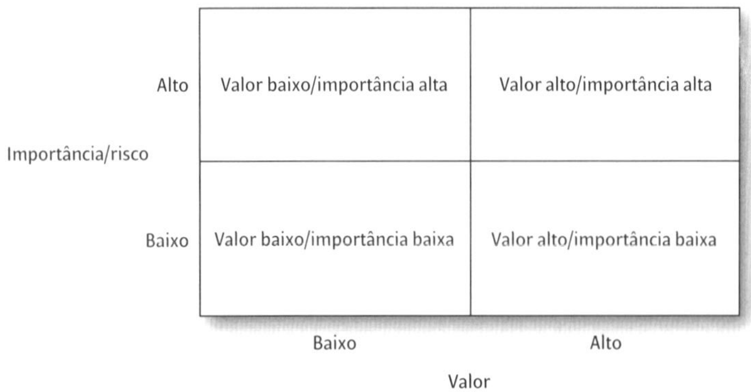

Figura 2.1 Diagrama de posicionamento de Compras

Resta-nos a caixa esquerda inferior. Estes são os itens de valor baixo, importância baixa, dos quais ninguém jamais receberá grande crédito por administrá-los. Em algumas organizações, o processamento de transações para esse tipo de item é a percepção do que significa comprar. Quantas companhias você conhece onde o Departamento de Compras está envolvido em comprar artigos de papelaria, mas não está envolvido em indicar consultores de marketing ou fazer investimentos maiores de capital?

Apesar de eu ter dito anteriormente que golpes de compras são mais plausíveis de serem detectados se um profissional de Compras estiver envolvido, não estou defendendo que suas atividades devam ser confinadas nessa caixa esquerda inferior do diagrama de posicionamento de compras (onde a maioria das mercadorias e serviços empurrados pelos golpistas cairá). Na verdade, só uma pequena parte do seu tempo será dedicada àqueles itens e esse tempo será gasto com o planejamento de procedimentos e a criação de contratos de estrutura de fornecimento para eles, em oposição às funções transacionais de rotina.

A chave para o sucesso ao lidar com os itens na caixa esquerda inferior é minimizar os esforços administrativos e os custos associados com cada compra e, ao mesmo tempo, manter uma estrutura para controlar os níveis de despesas e o valor obtido. Especificamente, se você criar sistemas engenhosos para transações de valor baixo que permitam pagar golpistas ainda mais fácil e rapidamente, então estará na hora de repensar.

Custo Para a Vida Toda

Um dos outros problemas com os *cinco pontos certos* é que geralmente eles se referem ao *preço certo* mais que ao *custo certo*. Defensores dos *cinco pontos certos* provavelmente argumentariam que os problemas de *custo certo* são protegidos pelos outros *pontos certos*. Porém, fico preocupado porque muitas decisões de Compras são tomadas baseadas mais nos preços que nos custos.

A diferença entre preço e custo é, algumas vezes, fácil de ver. Por exemplo, se você está comprando um carro novo, o preço será conforme informado pelo vendedor (incluindo qualquer desconto e outros itens que você tentou conseguir). O custo, por outro lado, incorporará o preço pago, o valor de seguro extra, o consumo de combustível com base nos seus padrões de dirigir, a manutenção, as peças sobressalentes etc., junto com o preço que poderá obter quando precisar vender ou comercializar o carro, quando você não o quiser mais. Isso é o *custo para a vida toda*.

Comprar para empresas tem seu próprio conjunto de custos adicionais, que muitas pessoas esquecem quando se concentram demais no preço. O custo de processar cada pedido pode sempre exceder o valor dos bens sendo comprados. Além disso, o custo de adicionar um novo fornecedor ao seu banco de dados de contas a pagar sempre excederá qualquer *economia* percebida feita por procurar uma fonte de fornecimento *barata*.

Presenciei inúmeros exemplos de não compradores focando o preço em vez do custo. Por exemplo, realizamos projetos de rede de fornecimento para o *National Health Service* (Serviço Público de Saúde), cujo intuito é melhorar a eficiência na obtebção de fornecimentos para as alas dos hospitais. Uma reclamação da equipe da enfermagem foi que seria possível comprar sucrilhos mais baratos no supermercado do que ao preço cobrado pela *NHS Supplies Agency* (Agência de Fornecimentos do NHS). Foi possível perceber que o fato de os contratos da Agência incluírem o custo dos níveis da revisão de estoque e da entrega de reabastecimento de estoques às prateleiras das alas foi ignorado. Os preços fixos por um ano eram outro benefício não oferecido pelo supermercado.

Alguns funcionários, em muitas organizações, sempre sentem que artigos de papelaria também podem ser obtidos *mais em conta* por meio de uma compra de oportunidade do que de um provedor de serviços de recarga, mas o custo de revisar níveis de estoque, fazer pedidos, entrega e pagamento geralmente é omitido. Viagens são outra área em que os compradores não especializados sempre pensam que sabem mais que os *experts* – mas eles já se deram ao trabalho de pensar se a passagem comprada em lojas de liquidação (isto é, uma pequena loja que comercializa passagens excedentes abaixo do preço) é tão flexível quanto aquela obtida sob um contrato corporativo?

Os golpistas sabem que a maioria das decisões de compras por compradores não especializados são tomadas com base no preço, e não no custo. Ainda para lucrar mais, eles querem que a transação seja no custo mais alto possível para você. Um número de golpes descritos neste livro, entretanto, incorpora maneiras pelas quais o golpista inclui custos extras além do golpe original. Os exemplos incluem as listas que prosseguem sem interrupção ano após ano e são cobradas a mais se você quiser uma cópia extra (Capítulo 3), contratos de manutenção com cláusulas de reajuste de "adicional de inflação" (Capítulo 8) e produtos com preços acima do praticado que continuam a ser entregues muito tempo após o pedido original ter sido colocado (Capítulo 4).

Técnicas em Compras de Valor Baixo

Enquanto o problema de altos custos administrativos associados com transações de baixo valor vem ganhando muita publicidade nos últimos anos, (por exemplo, o Relatório do Tribunal de Contas Nacional destaca o cadeado de £ 1,50 que custa ao Ministério da Defesa £ 75 em custos de processo de compras), ele é um problema com o qual a função de compras vem trabalhando há anos. A maneira tradicional de lidar com pedidos de baixo valor era entregá-los para os funcionários juniores. Isso reduzia o custo por pedido (porque os funcionários juniores de compras não eram/não são bem pagos) e proporcionava-lhes transações relativamente seguras nas quais praticavam/treinavam. Contanto que cada comprador ficasse limitado a uma faixa relativamente estreita de *commodities*, isso também manteria os golpistas cercados. Como os instintos de comprador os alertariam para transações fora do comum, eles procurariam esclarecimentos com seus colegas de compras e o modo como o golpe funcionava seria explicado.

Os funcionários juniores que realizam muitas funções burocráticas são, contudo, uma espécie em declínio na maioria das organizações. As reduções de cargos foram exigidas como meio de melhorar a eficiência e as funções anteriormente realizadas pelos compradores têm sido frequentemente delegadas aos solicitantes da compra ou a alguém mais próximo do usuário. Essa é sempre uma boa ideia, mas o processo tem que ser de delegar e não de abdicar. Com muita frequência, o especialista de Compras é cortado do processo e isso permite que o usuário final, que não tem treinamento e dispõe de uma compreensão fragmentada e de pouco interesse em compras, gaste sua verba (mais ou menos) da forma como deseja. Esse é o cenário ideal para o golpista que pode depenar o comprador ingênuo e ocasional.

Outros mecanismos são disponibilizados para reduzir o nível de processamento de documentos em compras. Por exemplo, fechar contratos de cancelamento traz inúmeras vantagens (aumento da alavancagem de compras, qualidade consistente, despesas de entrega reduzidas, gerenciamento de fornecedores mais fácil), mas, ao mesmo tempo, corta a necessidade constante de pesquisar preços, comparar ofertas e outras. Se um contrato de cancelamento for combinado com faturas sumárias do fornecedor, o volume de registro de documentos no final do ciclo do processamento do faturamento também pode ser drasticamente reduzido. O golpista confia no fato de que os usuários finais frequentemente ignoram onde são colocados contratos de cancelamento e tentam fazer melhor negócio em qualquer outro lugar, ou simplesmente não sabem que os contratos existem.

Um dos métodos mais óbvios de aperfeiçoar negócios é informatizar o processo de compras. É mais difícil para um golpista bater o sistema se um computador estiver no processo tentando fazer a equivalência entre vários estágios no processo de compras. Um número surpreendente de organizações ainda não integra adequadamente os sistemas de informatização para cuidar do processo de compras. Quase invariavelmente, o sistema de computação principal da companhia cuida do estágio de processamento de compras, mas o estágio de colocação de pedido frequentemente ainda é manual ou em algum sistema remoto local.

O uso do EDI (*electronic data interchange* – permuta de dados eletrônicos) para colocar pedidos de um grupo selecionado de fornecedores preferenciais também corta o golpista potencial do processo, mas o crescente uso da internet (*e-commerce*) pode trazer favores vantajosos e desvantajosos para essa área. A possibilidade de encontrar fornecedores, fazer pedidos de mercadorias e serviços e organizar pagamentos pela internet oferece amplo potencial para a eficiência, mas, conforme discutido no Capítulo 9, isso também oferece uma gama de novas oportunidades para os inescrupulosos.

Cartões de Compras

Uma restrição que se pode aplicar aos golpes da internet (Capítulo 9) pode bem ser aquela forma normal de pagamento para transações *business-to-business* que se supõe ser o cartão de compras. Os cartões de compras têm sido aclamados por vários anos como a resposta ao problema de altos custos administrativos associados com pedidos de valor baixo. Até hoje, a sua adoção tem sido menos rápida que a expectativa ou esperança da maioria dos especialistas.

Os cartões de compras são operados de maneira semelhante ao familiar cartão de crédito, embora, em virtude de o pagamento ser exigido à vista após cada confirmação (geralmente via cartão de débito direto), tecnicamente falando, eles sejam realmente cartões de cobrança. Eles têm vários outros recursos que os cartões de crédito convencionais não têm. Por exemplo, agrupam vários itens de despesas em *códigos de categoria de comerciante* e fornecem relatórios de gerenciamento mais detalhados. Eles também possibilitam um elevado nível de controle sobre o valor das transações individuais, diárias e mensais. Além disso, são potencialmente aptos a captar dados de referência de clientes (por exemplo, o número do projeto), embora os sistemas que suportam essa funcionalidade não sejam de maneira nenhuma infalíveis.

Uma das razões para a lenta adoção de cartões de compra por parte das empresas foi a exigência das Autoridades Alfandegárias de documentação apresentando os detalhes do montante do imposto acrescentado ao valor de VAT (*Value Added Tax*), relativo a cada operação. Durante vários anos, portanto, os compradores foram obrigados a recolher e conferir as faturas em papel em paralelo com os extratos de seu cartão. Esse problema foi parcialmente superado quando os grandes bancos conseguiram obter o acordo das Autoridades Alfandegárias de que o extrato do cartão seria um documento válido do VAT, mas esse só é o caso se certos dados adicionais forem captados no ponto de venda. Essa mudança exige a atualização da máquina de cartões do comerciante, que não só custa mais, como também exige mudanças na prática dos funcionários. Alguns fornecedores de empresas têm, entretanto, mostrado, inicialmente, relutância significativa em aceitar cartões de compras e, depois, em atualizar os equipamentos de captação de dados. A relutância de alguns fornecedores em aceitar cartões de compras é maior pelo fato de terem que pagar uma taxa comercial geralmente de 2% a 4%, mas isso é em parte compensado pela melhoria no fluxo de caixa.

Tudo isso é uma vergonha porque não só o uso de cartões melhora a eficiência de compra, como também reduz as chances de você sofrer um golpe. Os bancos que distribuem as máquinas de cartões (*comerciantes adquirentes*, em sua terminologia) não o fazem sem certo cuidado.

Os usuários de cartões de crédito têm um problema não só com o comerciante, mas também com a organização provedora de crédito, se esse tipo de operação sair errado (os usuários de cartões de cobrança podem ter menos proteção legal, mas o contrato com o banco geralmente limita substancialmente o risco). Por outro lado, a quantidade de problemas, os custos e as más relações públicas que um banco atrairia se ajudasse a facilitar um golpe, nitidamente, não valeriam a pena. Tendo dito isto, deparei-me com exemplos de golpe de lista falsa de fax (ver Capítulo 3), no qual o formulário de resposta leva os logotipos da American Express, Eurocard, Mastercard e Visa. Não tenho condições de verificar se este é apenas um jogo do golpista para parecer respeitável (em outras palavras, eles realmente não têm a facilidade para aceitar pagamento com cartão) ou se alguns dos bancos adquirentes cometeram um erro. Suspeito que a utilização do logotipo é apenas um truque de marketing do golpista para parecer mais confiável.

Separação de Funções

Uma das primeiras lições que um profissional de Compras aprende é que, para evitar a fraude ou suspeita de fraude, é necessário ter mais de uma pessoa envolvida nos elementos-chave do processo de compra. Não é possível para uma única pessoa ser responsável por funções que, se combinadas, permitem o processamento de uma transação completa. É ainda possível cometer fraudes, mesmo se as funções estiverem separadas, mas da mesma forma haveria necessidade de haver conluio ou negligência grave.

Em termos práticos, significa que o mesmo indivíduo não deve ser responsável por decidir quanto dinheiro deve ser gasto e por selecionar o fornecedor. O mesmo indivíduo não deve fazer o pedido e atestar que a fatura está correta. O mesmo indivíduo não deve aprovar a fatura e autorizar o pagamento e o mesmo indivíduo não deve aprovar as despesas de um orçamento e autorizar o pagamento.

Mesmo que não seja estritamente necessário obter a separação de funções, ainda pode ser uma boa ideia a pessoa que abrir o posto não estar envolvida na compra ou no pagamento. Isso, às vezes, é difícil de conseguir, especialmente em pequenas empresas ou em postos avançados de grandes organizações, mas se uma boa separação das funções não for possível, outros controles devem ser colocados em prática.

Se as organizações se ativerem a esses princípios básicos, o golpista tem que passar por duas pessoas a fim de conseguir o dinheiro da empresa. Na prática, a fase *autorizar pagamento*, em que alguém (normalmente da função de Contas a Pagar dentro do Financeiro) deve se certificar de que todas as etapas anteriores foram realizadas corretamente, sempre envolve apenas uma verificação superficial (se houver verificação). Isso é particularmente plausível se a aprovação da fatura for realizada por alguém bastante superior na organização.

Tendo dito que a separação de funções significa que duas pessoas precisam estar envolvidas no processo. É importante estar atento sobre as equipes que operam muito próximas umas das outras, sobretudo se elas tendem a submeter-se sem problemas a um líder forte. A rotatividade de pessoal entre as diferentes funções muitas vezes é uma boa prática do ponto de vista do controle (e do desenvolvimento de pessoal), embora a novidade do funcionário numa função também possa ser explorada pelo golpista.

Acordos Locais

Um dos problemas no estabelecimento da separação de funções é que muitas empresas têm um escritório regional remoto ou um departamento especializado, onde a equipe é tão pequena ou tão incomum, que modelos normais de organizações não se aplicam. Esses postos avançados não são receptivos a terem que se reportar à matriz cada vez que querem comprar alguma coisa e, por isso, frequentemente, recebem poderes de compra fora das regras normais.

O golpista tem maior chance de sucesso quando vende alguma coisa para alguém cuja compra daquela mercadoria não é uma competência essencial. Os funcionários nesses postos avançados, muitas vezes, se encaixam nessa descrição, por isso é preciso estar sempre alerta para detectar e prevenir fraudes em tais circunstâncias.

Equivalência em Três Vias

De mãos dadas com o conceito de separação de funções está a ideia de equivalência em três vias. Esse é basicamente o processo de comparar o pedido de compra com alguma prova da entrega satisfatória dos bens ou serviços e, em seguida, verificar se estas correspondem à fatura do fornecedor. A prova de entrega satisfatória é geralmente uma “nota de mercadorias recebidas” ou algo equivalente (o nome do documento pertinente tende a variar de uma organização para outra). Se as pessoas seguissem o princípio de de que tudo que é pago deve ser demonstrado em uma equivalência em três vias, os golpistas nunca seriam pagos.

Então, onde está o erro? Por que as pessoas não passam pelo processo de equivalência em três vias para tudo? Não deve ser tão oneroso, especialmente dado que, em muitas empresas, pelo menos dois dos três documentos são gerados em computador. Bem, o erro pode ser atribuído a uma das duas categorias – pessoas ou sistemas. As pessoas são, provavelmente, o elo mais fraco na defesa de uma empresa contra golpistas. Elas pensam que não precisam suspender um pedido de compra porque lhes foram delegados poderes. Elas pensam isso porque aquele é o seu orçamento, aquele é o seu dinheiro (não é, o dinheiro é do acionista e o detentor do orçamento é obrigado a fazer o melhor uso possível dele). Elas pensam que sabem mais e muito frequentemente pensam que um golpe é uma transação real – e fazem coisas erradas. Até certo ponto, elas não podem ser responsabilizadas, mesmo quando começam a fazer coisas erradas. O empregador deveria garantir a funcionários capacidades e conhecimentos compatíveis com as suas responsabilidades. Durante o recrutamento e o treinamento de pessoal, eles devem ficar cientes de que a competência, a integridade, as qualificações e as características pessoais de todos os envolvidos no processo de compra são uma norma padrão.

Os sistemas que deveriam apoiar a equivalência em três vias muitas vezes não conseguem fazê-lo. Essa, na verdade, é sempre uma decisão para as pessoas novamente, em geral porque modificam o sistema para ajustá-lo a um indivíduo em particular. Se a função de finanças se recusa a pagar uma fatura, a menos que tenha sido aprovada por ter um preço justo por um produto ou serviço entregue, não há problemas com golpes. Pode haver problemas, no entanto, com os executivos que são *muito ocupados* para lidar com a *papelada*, porém têm tempo para fazer pedidos por telefone; que não conseguem completar uma nota de mercadorias recebidas (ou a tela equivalente no computador), mas preenchem com prazer um *questionário* (que é, na realidade, o formulário de um pedido) dos editores de uma lista duvidosa. Se forem feitas exceções aos princípios de equivalência em três vias para *o chefe*, diretores, gerentes, marketing ou qualquer outro grupo, essa é a porta de entrada dos golpistas.

Ao proceder a qualquer revisão da função de compras, o setor para começar é Contas a Pagar / Livro Razão / Departamento Financeiro. O que descobrimos é que, geralmente, apenas uma pequena porcentagem de faturas que representam as compras é coberta por pedidos formais de compra. Desses, muitos são frequentemente pedidos de *confirmação* (retrospectiva) e de compromisso de uma compra que foi feita verbalmente, normalmente por telefone. Em outras palavras, o pedido de compra muitas vezes é gerado em resposta à fatura, em vez de acontecer o contrário.

Os auditores da companhia devem ter como parte de sua missão a responsabilidade de destacar todos os aspectos dos sistemas da empresa que a deixam vulnerável às fraudes. Se tudo correr bem, seus auditores vão adotar o lema *Confio em Deus e todos os outros estão sujeitos à auditoria.*

Relacionamentos do Fornecedor

Existem várias razões pelas quais as grandes organizações têm menos probabilidade de cair nos golpes de compra que as pequenas. Estas incluem a necessidade de aderir aos sistemas formais, às áreas de responsabilidade mais claras e à presença de especialistas funcionais, incluindo profissionais de Compras. Se o trabalho é realizado com base na responsabilidade do compromisso (em outras palavras, eles querem saber quanto dinheiro em espécie estará saindo da empresa no próximo mês), há uma propensão maior a insistir em pedidos formais de compra para tudo. Outra razão é que as organizações maiores são mais propensas a ter relações estreitas com alguns fornecedores devido a seus produtos-chaves. Dependendo da natureza de suas empresas, elas podem muito bem ter, claramente, fornecedores preferenciais para itens como artigos de papelaria, e as promoções de descontos especiais, que os golpistas tentam "mascatear", são difíceis de acontecer.

Esse estilo de relacionamento com o fornecedor por meio do qual uma pequena família de fornecedores trabalhava muito perto de seus clientes estrategicamente importantes desabrochou nos anos 1990 sob a denominação de *fornecimento de parceria*. Enquanto muitos ainda defendem essa abordagem, algumas das organizações que a abraçaram com muito entusiasmo no passado, por exemplo, muitas das indústrias de motores e varejistas como Marks and Spencer, derrubaram fornecedores fiéis e de longo tempo na busca da vantagem de preço imediato. Do meu ponto de vista, elas podem estar deixando passar alguns dos benefícios de negociar com uma base de fornecimento estabelecida e bem reconhecida. Algumas empresas menores têm uma mentalidade de *preço baixo* constante, sem considerar que a rigidez de seus fornecedores irá sem dúvida torná-las vítimas dos golpistas.

Racionalização da Base nos Fornecedores

De mãos dadas com a ideia de relacionamento estreito com uma pequena família de fornecedores preferenciais caminha o conceito de redução do número total de fornecedores no banco de dados do vendedor. Onde quer que realizemos uma revisão da função de compras de uma companhia, um dos primeiros passos é criar uma análise de Pareto da base do fornecedor. Ela mostra invariavelmente que a vasta maioria das despesas é conduzida com uma pequena porcentagem do número total de fornecedores. A Lei de Pareto diz que 80% da despesa será direcionada a 20% dos fornecedores; geralmente, não está muito errada. Nessas circunstâncias, quando está errada, 80% da despesa ocorre com menos que 20% dos fornecedores porque a companhia está confiando em uns poucos fornecedores-chave para um número pequeno de itens de produção muito caros (ingredientes ou componentes).

A importância dessa relação 80/20 é dupla: primeiro, se os profissionais de Compras enfocam o pequeno número de fornecedores responsável pela maioria dos gastos, a função de compras pode agregar grande valor mesmo se estiver suborçada; e, segundo, se a *ponta* dos fornecedores, que são em grande número, mas pequenos em importância (em termos de valores), for controlada/reduzida, os esforços administrativos em manter os registros dos fornecedores, faturas de pagamentos e outros poderão ser reduzidos.

Esse conceito de racionalização com base nos fornecedores é importante em relação aos golpes porque é geralmente forçado pela introdução de barreiras relativas à adição de um novo fornecedor ao banco de dados de Contas a Pagar. Isso, obviamente, reduz o entusiasmo dos usuários para agregar novos fornecedores, *quer queira, quer não*, e significa que alguém na função de finanças examinará minuciosamente as solicitações para novos fornecedores serem agregados ao sistema.

Esses dois fatores dificultarão a vida dos golpistas, assumindo, claro, que eles não tenham aplicado golpes nessa empresa há anos e já estejam no banco de dados dela. Essa barreira pode ser diminuída se a função de finanças se cansar da trabalheira de agregar novos fornecedores e agregar um sistema de atalho (por exemplo, inventando uma categoria de *fornecedor antigo* que seja mais fácil de pagar).

Operar em Mercados Desconhecidos

Se uma nova empresa iniciasse a venda para um novo cliente e, como parte disso, fossem estendidos os termos do crédito comercial normal, não deveria paracer estranha uma verificação de merecimento de crédito para melhorar a probabilidade de adimplência. O pessoal profissional de Compras faz verificações similares sobre novos fornecedores para se certificar que são confiáveis e que podem entregar por tanto tempo quanto necessário. O tipo de pessoas que caem naqueles tipos de golpes descritos nos próximos capítulos geralmente não são propensas a fazer a verificação em seus fornecedores adequadamente antes de fazerem negócios com eles.

Uma ocasião particularmente importante para se convencer de que o seu fornecedor é legítimo é quando você negocia pela primeira vez em uma parte do mundo fora do seu território normal. Há uma série de consultorias internacionais de gestão de risco que analisam os aspectos políticos e de segurança de operar em várias áreas de tensão por todo o mundo. A inteligência de mercado delas pode ser explorada por meio de um relatório especializado sobre determinado mercado ou de uma revisão geral do estado das empresas ao redor do mundo. Qualquer um que estivesse usando esse tipo de informação nunca se tornaria uma vítima do golpe da Nigéria (Capítulo 5).

Suporte de Sistemas

Talvez, surpreendentemente, a função de compras seja um dos últimos entre os muitos negócios a ser informatizados. Os sistemas de financiamento são informatizados devido ao grande número de operações envolvidas e a necessidade de informação de gestão (um caso semelhante poderia facilmente ser feito para a informatização de Compras). Os sistemas de produção são informatizados porque o retorno em termos de economia com pessoal, inventário ou planta pode ser prontamente demonstrado. Os sistemas de Compras em muitas organizações ainda mantêm um elemento manual que poderia ser simplificado pela introdução de um sistema de informática adequado.

Os sistemas de Compras têm sido tradicionalmente muito negligenciados, não só pelos usuários potenciais, mas também pela indústria de *software* de computador. As atividades recentes de vendas se concentraram em sistemas de ERP (*enterprise resource planning* = planejamento de recursos corporativos) que, em teoria, ligam todas as funções do negócio através de um banco de dados comum, mas na prática são, por vezes, deficientes em algumas áreas. Essas áreas tendem a ser relacionadas à rede de fornecimento, por exemplo, gestão de almoxarifado, gestão de estoques e compras. Os grandes fornecedores de ERP reconhecem esse problema e tratam-no (pelo menos em parte) por meio da compra de empresas especializadas de *software* com habilidades nas áreas *faltosas*. Juntamente com a adição de soluções de comércio eletrônico que estão sendo desenvolvidas, isso pode levar a grandes melhorias nos sistemas de apoio a Compras.

Uma das frequentes reclamações feitas contra alguns dos sistemas ERP é a sua inflexibilidade. No entanto, essa inflexibilidade pode ser um trunfo importante na luta contra os golpistas, se for aplicada corretamente.

Questões Legais

Um dos efeitos colaterais de delegar responsabilidade de compras a funcionários não especializados (e de não gerenciar adequadamente a separação de funções e a equivalência em três vias) é que o processo de compras frequentemente acontece sem envolver ninguém de Compras que entenda das responsabilidades e dos direitos legais associados com a compra. Sem dúvida, aquela pessoa que aplica golpes está bem alerta com relação aos problemas legais envolvidos. Ela sabe até que ponto você está comprometido em pagá-la e sabe bem o que pode fazer e dizer para ficar exatamente do lado correto da lei.

Um dos aspectos críticos da lei que qualquer um envolvido no processo de compras deve entender é a natureza de um contrato. Um contrato é um acordo que vincula juridicamente duas partes. Para que um contrato exista, devem estar presentes os seguintes sete elementos básicos:

- Intenção – ambas as partes devem comunicar sua intenção para celebrar um contrato.
- Oferta e aceitação – deve haver uma oferta incondicional por parte do vendedor e uma aceitação irrestrita por parte do comprador.
- Apreciação – dinheiro ou *valor equivalente a dinheiro* deve ser trocado como parte do negócio.
- Capacidade para contratar – cada parte deve ter a capacidade de celebrar um contrato. Isso não significa que o fornecedor tenha que ter uma fábrica grande o suficiente para fazer tudo o que está vendendo; refere-se a uma capacidade mental das partes. Assim, você não poderia criar um contrato com vínculo jurídico para vender um submarino nuclear para crianças de três anos de idade porque elas não teriam a capacidade de compreender plenamente todas as implicações.
- Consentimento – um contrato com vínculo jurídico não pode ser obtido por fraude, dolo ou coação. Nesse ponto, as vítimas de golpe podem gritar *Eureka* e assumir que não são obrigadas a pagar o golpista. Na realidade, se examinarem minuciosamente as faturas, os pedidos de compra ou quaisquer que sejam os documentos falsos que os tenham feito cair em um golpe pela primeira vezes, descobrirão que o golpista explicou nos mínimos detalhes a natureza da operação, só que não leram o contrato.
- Legalidade – um contrato com vínculo jurídico não pode ter finalidades imorais ou ilegais.
- Desempenho – ambas as partes devem estar aptas a realizar suas obrigações de acordo com o contrato.

Agora, essa pode parecer uma lista bastante onerosa e você pode pensar que uma celebração de contrato é muito difícil. Não é. Imagine por um momento que você queira comprar uma barra de chocolate. Você entra em uma loja onde as barras de chocolate estão expostas, pega uma e entrega o seu dinheiro. Se recapitular o que aconteceu, perceberá que você pretendia comprar uma barra de chocolate e o lojista pretendia vendê-la (intenção). Você ofereceu o dinheiro para a barra de chocolate e o lojista o aceitou (oferta, aceitação e consideração). Ambas as partes compreenderam plenamente a natureza da operação (capacidade) e ninguém foi enganado na negociação (consentimento). A barra de chocolate não era para fins imorais ou ilegais (legalidade – por alguma razão, neste momento, quando estou relatando esse exemplo em cursos de treinamento, alguns participantes parecem achar algo engraçado). Além disso, ambas as partes são capazes de cumprir sua parte do negócio (desempenho). Assim, o contrato está em vigor, pois todos os sete critérios foram cumpridos; porém, não só não há documentação do contrato formal, mas também ninguém disse nada durante o processo. A razão pela qual isso é possível é que os contratos podem ser expressamente celebrados por escrito, oralmente, ou implícito pela ação das partes.

O exemplo da barra de chocolate foi apresentado apenas para demonstrar como é fácil celebrar um contrato – nesse caso, decorrente da ação das partes. Na prática, os golpes podem envolver celebração expressa, quer por escrito (por exemplo, preenchendo um formulário para uma lista, como mostrado no Capítulo 3), oralmente (por exemplo, contrato de compra de papelaria por telefone, como mostrado no Capítulo 4) ou por ação (por exemplo, mediante o pagamento de uma *fatura* falsa, como mostrado no Capítulo 3).

A facilidade com que as pessoas podem celebrar contratos juridicamente vinculados não deve ser negligenciada, especialmente a facilidade com que podem celebrar um contrato verbal. Os golpistas usam isso quando possível, especialmente pelo telefone. Muitas vezes, eles se resguardam com documentos escritos, uma vez que estes são muito úteis para eles em qualquer conflito legal posterior (ou ao fazerem uma ameaça de ação judicial). Há, no entanto, uma série de exemplos em que os tribunais têm obrigado a cumprir um contrato verbal (por exemplo, o homem que prometeu dar ao amigo £ 100 000 se ganhasse £ 1 milhão na loteria esportiva foi forçado a entregar o dinheiro quando isso realmente aconteceu).

Infelizmente, não é possível contornar o risco de que um de seus funcionários vá cometer a imprudência de um contrato verbal, escrevendo a todos os seus fornecedores e afirmando que futuros pagamentos só serão feitos contra pedido de compra válido e devidamente autorizado; primeiro, porque você provavelmente não escreve para o golpista mesmo, e, segundo, porque, no caso de litígio, o tribunal pode também considerar que a ação mais recente (dando uma ordem verbal) revogou a anterior (insistindo em pedidos formais por escrito).

É improvável que você ganhe a simpatia dos tribunais se um funcionário não autorizado colocar um pedido verbal para um fornecedor. Tudo indica ao fornecedor que o empregado foi autorizado, que o pedido colocado é suscetível de constituir parte de um contrato válido. Assim, enquanto não se considera que um funcionário júnior do escritório não está autorizado para solicitar um carro novo da empresa, é provável que ele faça certos pedidos de papelaria. Trabalhamos para um cliente que tinha um diretor que encomendou um projeto de consultoria no valor de mais de £ 1 milhão (não conosco). Os consultores que desenvolveram o projeto não sabiam que as regras de sua organização obrigavam a aprovação da diretoria para esse nível de despesas e, assim, eles foram pagos mesmo quando o diretor foi expulso da organização.

Um dos outros pontos a observar sobre o exemplo da barra de chocolate é que a proposta e a aceitação não aconteceram porque o lojista ofereceu a barra de chocolate e você aceitou. No ponto em que você ofereceu o seu dinheiro, o lojista poderia ter recusado porque a exibição da barra de chocolate era um *convite ao prazer* (esta é uma expressão jurídica – é mera coincidência que o chocolate possa ser considerado um prazer) e não uma oferta. O ponto em que uma oferta e sua aceitação são feitas muitas vezes não é totalmente claro – por exemplo, quando um grande varejista acidentalmente anunciou televisores por £ 3 na Internet, todas os pedidos que recebeu foram uma obrigação contratual? E sobre os pedidos que tinham sido recebidos antes que alguém na loja notasse o erro? Não vou tentar responder a essas perguntas agora porque questões jurídicas em torno de compras pela Internet são problemas ainda mais preocupantes do que *simples* aquisições (ver Capítulo 9).

Então, o que pode ser feito para melhorar a situação e colocar o comprador em um nível de igualdade com o golpista em termos de compreensão sobre questões jurídicas? A resposta simples é *treinamento*. Com isso não quero dizer que todas as pessoas com o poder de fazer pedidos tenham que ser profissionais de Compras treinados, mas elas devem ser treinadas o suficiente para evitar golpes. O treinamento, portanto, pode ser um curso geral de *competências na área de fornecimento*, um curso específico de *aspectos jurídicos* ou ainda um curso bem feito sobre *como evitar golpes*, se a organização se sente particularmente alvejada ou tem uma história de permitir golpes pelo seu sistema. Alternativamente, os funcionários podem ser treinados apenas nas regras e nos procedimento operados pelo seu empregador, desde que ambos sejam lógicos, claros e documentados.

Tratando Com o Pessoal de Vendas

A seção legal acima destaca a potencial confusão relativa a oferta e aceitação. Esta é uma das razões por que os profissionais de Compras são cuidadosos em suas relações com o pessoal de Vendas. Há outras razões pelas quais o cuidado é necessário, sendo não menos importante a manutenção do material comercialmente confidencial.

As atitudes de um comprador profissional e de um comprador amador em relação aos profissionais de vendas são totalmente diferentes. O profissional de Compras recebe os profissionais de Vendas que oferecem mercadorias ou serviços relevantes porque eles dão ao comprador o acesso a informações e o conhecimento sobre o produto, o estado do mercado, os produtos concorrentes e assim por diante. Munido com essas informações, o comprador profissional, em seguida, dará ao vendedor (se necessário) a oportunidade de competir pelos negócios de sua empresa contra outros potenciais fornecedores devidamente pesquisados. Um comprador não profissional, por outro lado, ouvirá o vendedor e, frequentemente, tomará uma decisão repentina com base no auge da venda. A diferença básica entre essas duas abordagens é que o profissional compra, enquanto aos não profissionais é vendido.

Especificações

A principal diferença entre comprar e ser alvo de uma venda é mostrada claramente na utilização (ou não) de especificações. A especificação é a descrição daquilo que você quer comprar. Em ocasiões em que as empresas se tornam vítimas de um golpe, o estágio da especificação do processo de compra, invariavelmente, está faltando. O fornecedor, ao contrário, lhe diz o que você pode ter ou lhe dá a entender que pode ter ou então que já tem.

Se a empresa insistisse em uma simples rotina de compra do tipo (1) identificar necessidades, (2) preparar especificações, (3) pesquisar a fonte e (4) comprar, os golpistas teriam que encontrar novas formas de tirar o seu dinheiro.

A importância de se obter a especificação correta é muitas vezes negligenciada em compras. Em minha opinião, muito mais dinheiro é desperdiçado por má especificação, particularmente com especificação excessiva, do que por qualquer outro aspecto de prática deficitária de compras. As vagas para profissionais de Compras quase sempre exigem que sejam *bons negociadores* – na maioria dos casos, penso que seriam mais bem atendidas se exigissem *bons especificadores*.

Ética de Compras

Levantei o tema ética de compras com clientes, cuja reação foi: “Que é ética de compras?” Eles não tinham noção do conjunto de regras pelas quais se realizam negócios, da estrutura de princípios a que todos devem aderir ou o código de conduta que o empregador deve esperar de seus empregados. Mas o que acontece se essas coisas não são colocadas? Bem, vai haver menos normas; sempre será selecionada a opção fácil, rápida e sem problemas. Oportunismo será a ordem do dia e os interesses do indivíduo irão se sobrepor aos interesses da organização. Esse cenário é ideal para exploração pelo golpista. Se os compradores não estão comprometidos em dar valor para o dinheiro de seu empregador, eles não farão um exame minucioso adequado em cada transação que negociam. Sem exigências de integridade, eles serão influenciados pela expectativa de *brindes*.

O *Chartered Institute of Purchasing and Supply* (CIPS) passou alguns anos reformulando o código pessoal de ética para seus membros. Não vou reproduzir o novo código na íntegra (tenho a certeza que há cópias disponíveis gratuitas no CPIS mediante solicitação), mas sinto que vale a pena comentar os aspectos selecionados.

O código declara que "os membros devem levantar qualquer questão interessante de natureza ética com seu supervisor imediato ou com outro colega sênior". Embora supostamente dirigida a questões mais graves do que golpes, essa orientação significa que potenciais golpes serão destacados, discutidos e tratados. O código também afirma que os membros devem "reforçar a competência e o *status* da profissão, adquirindo e mantendo conhecimentos técnicos e os mais altos padrões de comportamento ético e promovendo os mais elevados padrões de competência profissional perante aqueles por quem são responsáveis." Isso ecoa vários dos pontos expostos sobre a adoção de uma abordagem profissional para a estratégia de compra, implementando a estratégia por meio de pessoal capacitado a trabalhar no nível operacional. Outras seções do código afirmam que *brindes da empresa, com exceção de itens de pequeno valor intrínseco, como agendas ou calendários da companhia, não devem ser aceitos*. O pessoal não profissional de Compras, muitas vezes, gosta de receber brindes dos fornecedores. Esses brindes não são grátis. Como o velho provérbio russo diz, o *único alimento grátis está na ratoeira*.

Cada empresa autêntica deve adotar um código de ética empresarial que defina o que é e o que não é prática comercial aceitável. Os elementos de compra desse código não deveriam apenas se aplicar ao departamento de compras, mas a todos os funcionários de qualquer nível envolvidos em qualquer aspecto do processo de compra.

Os golpistas não são tolos; eles adotam o mecanismo mais adequado para adentrar seus sistemas de compras. Às vezes, isso será por meio de um suborno menor; às vezes, visando os elos mais fracos do processo. Eles o pesquisam; talvez você devesse pesquisá-los.

CAPÍTULO

Três

O Golpe do Diretório Fictício

Como Funciona

As pessoas que aplicam o golpe do diretório fictício trabalham de duas maneiras. Ou a vítima recebe um documento muito semelhante a uma fatura para publicação em um diretório – assumindo ter sido colocado por alguém da organização e, portanto, paga a *fatura* –, ou, então, a vítima recebe um formulário de pedido para publicação em um diretório que parece ser gratuito, mas que, na realidade, custa várias centenas de libras (ou várias centenas de libras por ano, se não for cancelado).

Os dois tipos de golpe geralmente vendem listagens em diretórios que têm uma circulação muito limitada, se é que são publicados.

Diretórios de Fax

No Reino Unido, o *produto* mais comumente usado para o golpe do diretório é o *diretório de fax*. Muitas empresas recebem esses diretórios pelo menos uma ou duas vezes ao ano, mas não sabem realmente como tratar o problema.

O Reino Unido oferece proteção contra esse tipo de golpe de fatura fictícia por meio do *Unsolicited Goods and Services Act 1971* (Lei Contra Bens e Serviços não Solicitados, de 1971), que transformou em crime enviar faturas não solicitadas. A aplicação da lei é responsabilidade das autoridades locais, geralmente pelo departamento de normas comerciais.

Para estar em conformidade com a lei, solicitações para publicação em tais diretórios devem incluir os seguintes dizeres: no canto superior esquerdo da página, "ISTO NÃO É UMA EXIGÊNCIA DE PAGAMENTO. NÃO HÁ NENHUMA OBRIGAÇÃO DE PAGAMENTO", e em uma linha diagonal na página, "ISTO NÃO É UMA FATURA". Durante a pesquisa para este livro, vi milhares de faturas de diretório de fax; apenas uma trazia esses dizeres.

A forma de se evitar o cumprimento da lei é enviar essas *faturas* de diretório de fax de algum lugar fora do Reino Unido. O local de origem varia, mas é mais comum ser proveniente da Alemanha, da Suíça e, mais recentemente, da República Tcheca.

Mesmo as *faturas* de origem estrangeira, porém, precisam ser *honestas* para estar em conformidade com suas próprias leis nacionais (lembre-se de que estamos tratando de golpes aqui e que os aplicadores estão a fim de fazer tudo para evitar a acusação de fraude). Eles tendem, entretanto, a explicar que o destinatário não é obrigado a pagar a *fatura*. Porém, aquela explicação pode estar bem escondida em letras pequenas nas condições no verso da *fatura*.

As *faturas* fictícias de fax parecem muito profissionais e sempre têm a forma de um conjunto de documentos de várias cores, em duas partes. Os termos e as condições podem bem estar no verso da primeira folha do conjunto de duas partes, tornando-os, assim, um pouco mais difícil de se notar.

Várias companhias diferentes enviam esse tipo de documento, mas seus termos e condições tendem a seguir gêneros similares. Os termos e condições característicos apresentam algo como (a nota de rodapé foi adicionada como explicação somente):

Termos e Condições do Negócio

Essa proposta torna-se um pedido por meio de pagamento ou remessa de um formulário de resposta assinado (1).

As informações fornecidas no anúncio serão inseridas na próxima edição do *The International Fax Directory* (Diretório Internacional de Fax) (2).

O assinante reconhece e aceita os seguintes termos e condições do negócio (3) da Global Media (4). Sede: Global Media, PO Box 99, xxxxxxxxx, CZ xxx xx Most (5). O local de jurisdição é xx xxx Most, na República Tcheca. Ambas as partes estão sujeitas à lei tcheca (6).

Essa base de dados é produzida em CD-ROM pelo editor mencionado. Um CD-ROM será entregue a todos os assinantes de publicações, sem custos, mediante solicitação (7). Para assinantes que não inserirem uma publicidade, o registro pode ser solicitado por uma taxa de US$ 400 (8).

Qualquer pagamento que chegar aos editores após o prazo final (normalmente, 12 semanas após a recepção) será retido para dar cobertura ao pagamento de uma inserção na próxima edição (9).

A editora não será responsável por qualquer erro de impressão, erro de digitação ou qualquer outro erro no *International Fax Directory*, e não haverá nenhum reembolso sob nenhuma circunstância (10). A editora fará todos os esforços para corrigir qualquer erro ou omissão na edição subsequente (11).

O cancelamento de uma inscrição na edição do próximo ano só será aceita se o editor receber um aviso por carta registrada ou *e-mail*, no máximo, até o final do ano em curso (31 de dezembro) (12).

Publicações não canceladas serão automaticamente repetidas e cobradas do assinante ao preço normal (13).

Os aspectos interessantes desses termos e condições abrangem:

1) Após assinar o formulário e enviar o dinheiro, você concordou com os termos e condições. Se descobrir posteriormente que sofreu um golpe, não haverá maneira prática para reaver seu dinheiro.
2) Inventei o nome *International Fax Directory*, embora seja provável que algum golpista tenha usado esse nome em algum outro lugar. Os nomes dos diretórios sempre realçam a palavra *international* (isso confere uma credibilidade adicional, uma vez que a *fatura* vem do exterior). A palavra *telefax* é sempre usada em vez de *fax*; *telex* e *telefax* eram populares no texto das condições, mas estão ficando menos populares, já que o telex caiu em desuso na maioria das indústrias.
3) "O assinante confirma e aceita os seguintes termos e condições do negócio" – pode-se ter um pouco de compaixão da vítima que assina a frente de um documento que contém esses dizeres no verso e, ao mesmo tempo, não sabe o que está comprando. O golpista conta com o fato de que a maioria das pessoas não lê a nota em letras pequenas no verso dos documentos que assinam.
4) *Global Media* é um outro nome que inventei, mas ambas as palavras geralmente são características em nomes de companhias que aplicam esse golpe. Outras palavras comuns são *Communications* (Comunicações), *Data* (Dados), *Telecom* (Telecomunicações), *Services* (Serviços), *World* (Mundial) e *International* (Internacional). A mesma companhia sempre trabalha sob várias versões do mesmo nome e pode também usar abreviações ou siglas que sempre soam vagamente familiares e similares àquelas das operadoras autênticas e bem respeitadas do setor de telecomunicações.
5) A República Tcheca é uma fonte dessas *faturas*; como mencionado anteriormente, há muitas outras.
6) "O local de jurisdição é xx xxx Most, República Tcheca. Ambas as partes estão sujeitas à lei tcheca" – imagine por um momento que você

tenha caído nesse conto do vigário, mas está determinado a levar os golpistas para a justiça e tentar conseguir seu dinheiro de volta. O que pretende fazer? Bem, primeiramente, você precisaria saber se o golpe foi ilegal – então, qual é a posição da lei tcheca? Você sabe o endereço de algum *expert* em lei tcheca? Você acha que os custos para obter consultoria legal adequada excederiam os £ 300-400 que você pagaria por sua publicação no diretório? O golpista sabe que, em todas as probabilidades, a esse ponto, é provável que você ceda.

Palavras parecidas em outras *faturas* incluem:

- Local de Jurisdição – Lei de Viena – Lei Austríaca
- Local de Jurisdição – Lei de Eschen – Lei de Liechtenstein
- Local de Jurisdição – Lei de Zug – Lei Suíça

7) o diretório é, na verdade, uma listagem num CD-ROM. Eles lhe mandarão uma cópia quando suas taxas estiverem pagas – mas só se você solicitar.

8) Não assinantes podem também obter uma cópia do CD se pagarem $ 400. Logicamente, é provável que o número de pessoas que o fazem seja bem menor, o que levanta questões sobre quem irá ler sua publicação no diretório. A resposta é: quase ninguém. Exceto, talvez, outros golpistas que têm uma lista pronta de vítimas fáceis. Alguns golpistas prometem produzir um número mínimo de CDs (digamos 3000), mas quantos deles você pensa que serão usados por clientes potenciais da vítima típica do golpe?

9) Mesmo que você avise ao diretório que sua publicação está incorreta ou faltando, não terá seu dinheiro de volta. Vamos encarar assim: não é possível reaver o seu dinheiro de modo nenhum.

10) "Não haverá reembolso sob nenhuma circunstância" – apenas para o caso de você não haver entendido as observações do parágrafo anterior.

11) "A editora fará todos os esforços para corrigir qualquer erro ou omissão na edição subsequente" – isso parece muito nobre da parte deles, exceto, é claro, que você não quer estar na próxima edição. Ou eles o fazem pagar mais £ 300-400.

12) O cancelamento é feito por carta registrada ou por *e-mail*. Cartas registradas custam ainda mais dinheiro. *E-mails* não têm comprovação de entrega. Eles não fazem cancelamento facilmente.

13) Publicações não canceladas serão automaticamente repetidas e cobradas do assinante ao preço normal" – portanto, se você for infeliz o suficiente para pagar uma dessas *faturas*, pode cair em uma situação em que pagará por publicações em diretórios inúteis, ano após ano.

Outra característica comumente apresentada por essas faturas fictícias é um “desconto de 3%” para os pagamentos no prazo de 30 dias. Assim, os pagadores pontuais conseguem a sua publicação do diretório inútil ligeiramente mais barata que as pessoas que deixam a papelada esperando por algum tempo antes de processá-la. Essa oferta especial de *desconto* é claramente apenas um estratagema para melhorar a taxa do impacto percentual das *faturas*.

Diretórios de Telefone

Nos Estados Unidos, o golpe do diretório mais comum é o golpe das Páginas Amarelas. Devido à estrutura da indústria de telefonia americana, várias companhias autênticas (por exemplo, Bell Atlantic) produzem e distribuem diretórios de Páginas Amarelas. Há também, no entanto, muitas empresas que enviam solicitações em massa pelo correio para publicações de diretórios que as empresas podem muito bem confundir com o diretório de Páginas Amarelas, do qual normalmente são clientes. Esses diretórios *falsos* têm uma tiragem muito limitada, se realmente publicados, e, portanto, oferecem pouco ou nenhum benefício para as empresas que pagam por seus anúncios. É estimado pelo Better Business Bureau (*Bureau* para Negócios Melhores) que uma em cada cinco empresas dos EUA tem sido alvo desse tipo de golpe. Eu diria que o número real é muito maior. O Serviço de Correios dos EUA acredita que os emitentes dessas faturas falsas são bem-sucedidos na cobrança de uma percentagem significativa de todas as contas que colocam no correio e, com base em milhares de faturas falsas e solicitações enviadas, a perda anual para as empresas é expressa em bilhões de dólares.

Obviamente, a *UK's Unsolicited Goods and Services Act* (Lei de Proteção contra Bens e Serviços não Solicitados do Reino Unido) não prevê nenhuma proteção nos EUA, mas as leis federais relativas ao Serviço de Correios dos EUA objetivam oferecer tais garantias. Por exemplo, a informação “Esta não é uma conta – esta é uma solicitação. Você não é obrigado a pagar este valor, a menos que aceite esta proposta” deve aparecer em letras com tamanho da fonte 30, em fundo contrastante. A impressão colorida deve ser reproduzível em máquinas copiadoras e não pode ser escondida por dobras ou outros meios. Se a solicitação tiver mais que uma página, o aviso deve constar em cada página e, se for perfurada, a linguagem exigida deve constar em cada seção que possa ser interpretada como uma conta. Além disso, é ilegal postar solicitações que incluam uma linguagem que induza o leitor a acreditar que seja uma fatura – por exemplo, expressões como “remeter imediatamente”, “pagar agora”, “o montante devido” não são permitidas.

Os golpistas, no entanto, apenas escolhem outras palavras. Os dizeres que aparecem nas faturas falsas incluem coisas como “informações do presente anúncio”, “pagamento imediato necessário”, “protocolo de renovação de pagamento", destinadas a causar confusão com as faturas para os legítimos anúncios das Páginas Amarelas. A esperança do golpista é que a vítima se apresse para pagar a *fatura* sem controles adequados, numa tentativa desesperada de evitar que não seja listado no diretório do próximo ano (o que poderia ser um problema grave se fosse uma verdadeira lista telefônica das Páginas Amarelas). Esquecem-se de que os encargos para o diretório de telefone em que querem estar, em geral, são cobrados na conta telefônica mensal do anunciante.

Uma característica comum nas *faturas* do golpe do diretório, que é legalmente permitido, é o conhecido logo com os "dedos caminhando" das Páginas Amarelas. Embora esse logotipo tenha sido criado pela AT&T, ele nunca foi registrado como marca registrada e está agora em domínio público. O logotipo é utilizado por praticamente todos os editores autênticos das Páginas Amarelas nos EUA e em outras partes do mundo. Isso aumenta a probabilidade de as vítimas, ao recebem uma fatura falsa, caracterizando o logotipo, assumirem que a *conta* é autêntica e, portanto, estarão mais propensas a pagá-las.

A principal diferença entre os diretórios falsos das Páginas Amarelas e os seus diretórios legítimos é a distribuição. O golpista vai produzir alguns diretórios, se produzir, à disposição do público e que, portanto, fornecem pouco ou nenhum benefício aos seus *clientes*.

Alguns promotores de diretórios falsos fomentam a probabilidade de venda, incluindo com sua *conta* um recorte das Páginas Amarelas legítimas, mostrando uma publicação verdadeira da vítima. A vítima, então, assume que a *conta* é simplesmente uma renovação de seu pedido regular e paga sem mais reflexões. Também podem incluir o nome de um gerente sênior no negócio alvo como *autorizador*. Esse nome teria sido obtido de pesquisas por telefone pelo golpista.

Note que a inclusão de um recorte com uma *conta* também é usado por golpistas que enviam cópias dos anúncios, por exemplo, anúncios de emprego, de publicações autênticas para as empresas que colocaram o anúncio. Secretárias que não desconfiam supõem que a conta refere-se à propaganda e pagam.

Os golpistas têm experiência considerável para calcular o montante mais eficaz para cobrar, dependendo do tamanho do negócio alvejado e os prováveis controles que existirem. Milhares de pagamentos de US$ 100 ou menos podem ser mais lucrativos no cálculo geral que alguns *acertos* para maiores quantidades. Em alguns casos, várias cópias da mesma *fatura* poderão ser enviadas para a mesma empresa, na esperança de que elas vão pagar mais de uma vez.

Um estudo independente realizado pela *Yellow Pages Publishers Association* (YPPA) (Associação dos Editores das Páginas Amarelas), em cooperação com o *Council of Better Business Bureaus* (CBBB) (Conselho de Birôs para Negócios Melhores), informou que 1/3 dos gerentes de escritório disse que suas empresas receberam contas para publicações de Páginas Amarelas que nunca tinham solicitado. Suspeito que os outros 2/3 não tinham notado as contas e pagaram ou, por outro lado, outra pessoa na organização tenha recebido. A YPPA estima que o valor desse negócio para os golpistas seja de US$ 550 milhões por ano (nos EUA).

O *Yellow Pages Advertising Council* (Conselho de Publicidade das Páginas Amarelas) registrou a marca do logotipo *Get an Idea* (Tenho uma Ideia), que está sendo usado por um número crescente de membros e editores e deve ajudar a diferenciá-los dos mal-intencionados.

Diretórios Industriais

Condições muito semelhantes às descritas acima, no exemplo dos diretórios de fax, são muitas vezes utilizadas em formulários de pedidos (por vezes colocados no correio, mas, mais comumente, por fax) que se assemelham a questionários cujos destinatários (por alguma razão) assumem estar relacionados com publicações gratuitas em diretórios. Essa suposição é, muitas vezes, fomentada pelos questionários parcialmente preenchidos pelo golpista, que pesquisa nomes e outros detalhes do contato através de um telefonema rápido para a empresa-alvo.

Os diretórios em que esses *formulários-faxes* dão entrada são, muitas vezes, diretórios comerciais e o questionário traz uma caixa de seleção para a vítima indicar o tamanho de sua empresa, a gama de produtos e outros. Um exemplo da aparência desses formulários é apresentado na Figura 3.1. A classificação comercial em que sua empresa está atribuída é sempre muito ampla. Também é muitas vezes errônea, o que poderia ser um estratagema proposital para incentivá-lo a corrigir o formulário e enviá-lo de volta. Um exemplo desse tipo de formulário que recebemos trazia um número de série de 19 dígitos alfanuméricos – que, obviamente, são enviados em enormes quantidades!

Como já mencionei, os destinatários do formulário, por vezes, o completam e devolvem porque assumem que sua publicação no diretório é gratuita. Eles não pensariam assim se realmente lessem o documento que estavam assinando. O golpista provoca confusão com solicitações do tipo: "Por favor, verifique a exatidão dos dados abaixo e devolva o formulário preenchido imediatamente para uma atualização dos dados, mesmo se você não colocar um pedido." Assim, alguns destinatários preenchem o formulário e o devolvem pensando que estão simplesmente atualizando o banco de dados de alguém – eles não fazem ideia do significado de sua assinatura no final do formulário (apesar de estar sob a palavra *pedido* e carimbado com *juridicamente vinculado*). O golpista também cultiva uma imagem de estar realmente interessado no seu negócio, com esses dizeres: "Por favor, anexe o cartão de visitas/prospecto de sua empresa." Se e quando os diretórios forem realmente produzidos, eles serão simples anúncios de nomes e dados de contatos de companhias; todas as informações interessantes do prospecto de sua empresa serão ignoradas.

GUIA DA GLOBAL BUSINESS

Favor verificar a exatidão dos detalhes abaixo e devolver o formulário preenchido imediatamente, para uma atualização de dados, mesmo se você não colocar um pedido.

Nome da Vítima
Qualquer Rua
Qualquer Cidade
Qualquer Estado
Qualquer País

→ Favor Corrigir seu Endereço, se necessário. ←

Prezado Senhor,
Estamos atualmente coletando informações comerciais para o Guia da Global Business. Para bem representá-lo, representar **sua companhia** e sua cidade, solicitamos preencher e devolver esse formulário o mais breve possível. Contamos com a sua total cooperação.

Favor anexar o cartão comercial/prospecto de sua companhia

Descrição da sua companhia e suas operações

Nome da Companhia: ____________
Rua: ____________
Cidade: ____________
Província/Estado: ____________
País ____________

Nº do Telefone: ____________
Nº do Fax: ____________
e-mail: ____________
Internet: ____________
Gerente/Proprietário: ____________

FAVOR SELECIONAR A OPÇÃO ADEQUADA:

Shopping:

❍ Galerias de Arte
❍ Cabeleireiros
❍ Revendedores de Bicicletas
❍ Delicatessen
❍ Moda/Tecidos/Uniformes
❍ Lojas de Presentes/Artigos de Fantasia
❍ Lojas de Artigos Domésticos
❍ Porcelanas e Cristais
❍ Joalherias e Relojoarias
❍ Artigos de Couro e Sapatos
❍ Bibliotecas e Livrarias
❍ Plantas e Flores/Centros de Jardinagem
❍ Alimentos Naturais/Homeopatia
❍ Discos e Instrumentos Musicais
❍ Software e Computadores
❍ Roupas de Esporte e Artigos de Esporte
❍ Tabacaria
❍ Brinquedos e Jogos
❍ TV, Rádio e Sistemas HiFi

Serviços

❍ Arquitetura/Desenvolvimento
❍ Bancos e Instituições Financeiras
❍ Construtores/Construções
❍ Vendas de trailers e Suprimentos
❍ Concessionárias e Distribuidoras de Carros
❍ Carpinteiros e Marceneiros
❍ Serviços de Correio Expresso
❍ Projetistas Gráficos
❍ Médicos/Dentistas
❍ Autoescolas
❍ Tinturarias e Lavanderias
❍ Serviços de Limpeza e Manutenção
❍ Agências de Emprego
❍ Agências de Modelos
❍ Fotógrafos
❍ Imobiliária e Locação de Propriedades
❍ Clubes de Esporte e Esportes Aquáticos

Cultura

❍ Salas de Concertos
❍ Cinemas
❍ Clubes e Associações
❍ Escolas de Dança
❍ Educação
❍ Galerias e Salas de Leilão
❍ Diversão

Minha seção comercial não está na lista. Favor classificar-me sob: ____________

❍

Pedido: Letras pequenas

Figura 3.1 Um Exemplo dos formulários usados no golpe do diretório

Retornar o questionário cria o pedido porque, escondidas em algum lugar, por exemplo, na caixa com letras pequenas no exemplo dado, ficam palavras ao longo das seguintes linhas:

> "Nós, pelo presente documento, colocamos um pedido de XXX para impressão (moldura de 80 mm x 40 mm) dos dados acima indicados, nas duas próximas e seguintes edições do guia xxxxx. O custo por inserção em cada edição será £ 342. Ao mesmo tempo, colocamos um pedido para o diretório ao preço de £ 47, incluindo os custos de remessa. O pedido de inserção será automaticamente revisto a cada ano em outra edição, a menos que uma nota por escrito para terminar seja emitida três meses antes do final do ano civil. Esses custos serão cobrados anualmente e de forma antecipada. Serão pagos em três semanas a contar da data da fatura, sendo que o cancelamento retroativo não é possível. O contrato torna-se válido e obrigatório quando do nosso recebimento desse pedido. A editora reserva-se o direito de editar e ilustrar o texto. O local de jurisdição e a execução do contrato é o endereço do Editor. Portanto, o Editor se reserva o direito de intentar uma ação no domicílio legal da parte que fez o pedido."

Essas palavras (ou similares), muitas vezes, estão bem acima de uma linha pontilhada com a legenda "assinatura legal / carimbo da empresa". As pessoas assinam e enviam o formulário sem ler as letras pequenas. Sua atenção é atraída para as letras pequenas se não pagarem a fatura que é enviada quando o editor (golpista) recebe o formulário do pedido.

Vi empresas que alegam que esse parágrafo (ou algo semelhante) foi adicionado a um espaço em branco acima da sua assinatura, após haverem enviado seu formulário por fax. Suspeito que suas memórias possam estar lhes pregando peças porque todos os formulários de pedidos que tenho visto têm esses parágrafos (além de estar em letras pequenas, sempre se tornam ainda mais difíceis de ler em virtude de o envio ser por fax).

Então, o que acontece com as pessoas que completam esses questionários (com tal disposição de parágrafos) e os devolvem aos golpistas? Bem, elas recebem uma fatura.

Nesse ponto, o golpista pode muito bem ter a lei do seu lado. A vítima colocou um pedido ao assinar na linha pontilhada sob o parágrafo "Nós, por meio deste documento, colocamos um pedido..." e o golpista cria uma publicação de diretório. Não pagar a fatura seria, portanto, uma violação de contrato. O golpista o manipula para que você fique descontente com essa situação, dizendo que a lei do país dele é aplicavél, mas que ele pode processar você em seu próprio país.

Encontrei um exemplo de uma empresa que preferiu ignorar uma fatura de DM 1177 (marcos alemães) – cerca de £ 500. Dois meses depois, eles receberam outra fatura. Em seguida, dez dias depois, veio um *lembrete*. Dessa vez, foram dois itens adicionais. Além dos DM 1177, a vítima foi solicitada a pagar juros de DM 21,07 e DM 7,00, referentes a *honorários de cobrança*. Esses juros a serem pagos em caso de pagamento atrasado são aplicados apenas por golpistas – eles sempre incluem o pagamento de juros (normalmente 15%) como uma de suas cláusulas e condições. Em todo o meu tempo envolvido em Compras, nunca tinha encontrado *honorários de cobrança* antes. A expressão não aparece em dicionários especializados sobre Compras. Só posso supor que seja um custo extra para compensar a papelada adicional criada por atraso no pagamento. “Cobrança/Reclamação” (*Dunning*) também não aparece na maioria dos dicionários gerais, mas o *Oxford English Dictionary* o define como “a ação de importunar por dívida”. Caso você queira saber, “importunar” significa (entre outras coisas) “persistir ou pressionar em solicitações; aborrecer através da persistência do pedido”, que parece resumir muito bem o que estava acontecendo. “Obstinado” significa “persistente ou teimoso” e, portanto, uma palavra útil para descrever esses golpistas e, certamente, golpistas em geral.

Dez dias depois, veio o *segundo aviso*, dessa vez com taxas de cobrança de DM 12,00 e juros de DM 25,97. Um mês mais tarde, as taxas de cobrança haviam subido para DM 30 e os juros, para DM 40,18. Essa informação estava contida em uma carta dirigida ao Legal Department, Section Juridique, Rechtsabteilung, Reparto Legale, Seccion Juridica (eles, obviamente, têm contas problemas em vários países!). A carta dizia: “Você celebrou um contrato de venda com a nossa empresa e o pagamento antecipado é uma condição do contrato”. E, legalmente falando, eles provavelmente estão certos.

A carta seguinte, dez dias depois, afirmava: “Apesar de nossos lembretes constantes, a conta abaixo mencionada não foi paga. A menos que a liquidação imediata seja realizada, seremos obrigados a tomar medidas legais.”

Bem, eles não o fariam, mas você não presumiria isso. Alguém da empresa da vítima deveria realmente ter feito algo para proteger sua posição jurídica refutando a base para a fatura (o que pode ter sido difícil) – mas isso não aconteceu, portanto, seis meses depois, veio outra fatura.

A fatura seguinte foi de DM 1177 novamente porque não era relativa à publicação no primeiro diretório, mas à publicação para o ano seguinte – ninguém a havia cancelado! Juntamente com essa fatura, veio outra declaração para a publicação no primeiro diretório – dessa vez, os juros foram de DM 152,88 e as *taxas de cobrança* de DM 40,00.

Esses documentos estavam acompanhados de uma carta que dizia: “Temos o prazer de informar que a 3 ª edição revisada do CD do diretório XXXX acaba de ser publicada!”, salientando que a dívida total era agora de DM 2546,88. Eles também forneciam uma cópia da página do diretório que continha a publicação pertinente.

A carta seguinte vinha, inevitavelmente, do departamento jurídico, uma vez mais, e dizia:

- Mantemos um formulário de pedido legalmente válido assinado por você em nosso Diretório XXXX XXXX.
- Você está ciente de nossas condições de negócio, afirmando que o seu pedido é irrevogável e que é exigido pagamento antecipado.
- Ao criar o seu anúncio e publicá-lo, cumprimos o nosso termo de contrato.
- Por essas razões, solicitamos gentilmente suas providências para a remessa da liquidação de nossas faturas XXX e XXX. Se isso não ocorrer em uma semana, seu arquivo será transferido para ação jurídica plena, sem aviso prévio.

Quantas pessoas pagariam nessa fase? Essa vítima particular contatou sua Câmara de Comércio local e foi aconselhada a enviar uma carta, cancelando tudo, e a ignorar a ameaça de ação legal. No entanto, eles tinham aturado alguns anos de complicações e, sem dúvida, se preocupavam com esse fluxo de faturas, simplesmente porque não tinham lido o que tinham assinado. Tendo cometido esse erro, não conseguiram cortar o problema pela raiz, refutando os pedidos de pagamento desde o início.

Há, no entanto, algumas boas notícias – o golpista não recebeu o pagamento. A má notícia é que a página de exemplo do diretório que enviaram por fax, para provar que a vítima havia sido listada, continha os nomes de cerca de 300 empresas do Reino Unido que pagaram ou que se tornaram objeto de intimidação semelhante.

Diretórios de Exemplar Único

Os editores desse tipo de diretório nunca são lentos para detectar uma oportunidade. Em novembro de 1999, nosso escritório recebeu três cópias no mesmo dia de um formulário, dando-nos a possibilidade de figurar em um *guia especial para comemorar o milênio*. O formato do formulário era muito semelhante ao do *Global Business Guide*, discutido anteriormente, com simples caixas de seleção para que você possa dizer aos leitores do guia se você é uma loja, uma autoescola, uma instituição financeira / contabilidade, organizador de eventos ou qualquer um dos vários outros negócios possíveis. As letras pequenas o informam que o guia será publicado em quatro datas no ano de 2000 e o custo de sua inclusão em cada edição é £ 475, mais VAT. Os promotores prometem a distribuição de um mínimo de 25.000 cópias. Agora, pode ser que algumas pessoas vão ler as letras pequenas e pensar que é a maneira ideal para o respectivo negócio aplicar um valor de £ 2.000 em marketing (se você pensa dessa forma, por favor, não peça emprego em minha empresa). Por outro lado, é muito mais provável que algum funcionário entusiasmado (ou mesmo um chefe ocupado) selecione as caixas, assine o formulário e o envie, sem nunca ter lido a parte com letras pequenas. As editoras incluem uma pequena caixa no formulário que diz "número de pedido", com uma pequena nota dizendo: "número de pedido oficial deixado em branco, considera-se desnecessário", e é claro que é. Eles fizeram uma oferta; se uma pessoa autorizada na sua empresa assinou o formulário, eles aceitaram. Se você não efetuar o pagamento quando solicitado, existe uma divergência contratual e eles estão em uma posição muito forte.

Entretanto, você perdeu a chance de figurar nesse guia especial para o milênio, mas não fique incomodado, haverá outra oportunidade em breve. Poderá ser o Guia da Copa do Mundo ou talvez dos Jogos Olímpicos ou da Conferência do G7 – eles vão pensar em alguma coisa.

Diretórios na Internet

Inevitavelmente, as pessoas que fazem propaganda de diretórios desse tipo estão agora vendendo os seus produtos na World Wide Web. Um exemplo afirma que o diretório abrange 200 países, com mais de três milhões de números de fax. Se isso for verdade (e quem não acreditaria neles?) e se cada um dos números representar mesmo um pagamento único de £ 300-400 (os golpistas têm essa expectativa todo ano), então, eles tomaram mais de um bilhão de libras de pessoas que serão incluídas em seu diretório! Você conhece alguém que nunca procurou um número de fax em um diretório de fax de Liechtenstein? Entre os três milhões ou mais de números declarados, são mais de 300.000 na França, mais de 200.000 no Reino Unido, outros 200.000 ou mais nos EUA, mais de 300.000 na China e um na Somália. Se esses números são reais, eles mostram não somente a amplitude desses negócios, mas também sua tenacidade, determinação e imaginação em persuadir companhias a assinarem.

Outra variante do diretório de internet é a promessa de listar os detalhes de sua companhia em um site da internet que contém informações similares àquelas que constam do diretório industrial descrito acima (basicamente, não muita informação). Para publicar seus detalhes, você apenas completa um formulário de resposta de fax que parece familiar e espera a conta anual de DM 995.

Como Evitar o Golpe do Diretório

A chave para evitar o golpe do diretório é o treinamento consciente para garantir que alguém com probabilidade de receber uma fatura fictícia reconheça seu objetivo e que o setor de contas a pagar de faturas atue de forma eficaz se alguma fatura for inserida no sistema. Quando a próxima fatura chegar, é necessário divulgá-la juntamente com um comunicado explicativo a outros possíveis destinatários.

O gerenciamento do tempo também tem um papel importante a desempenhar: se os funcionários têm tempo suficiente para ler as *faturas* em detalhes, aumenta a probabilidade de reconhecê-las e identificar os objetivos dela.

Um dos caminhos mais óbvios para se evitar o golpe do diretório é ler os documentos que você recebe. Eles informam que as *faturas* ou *formulários de dados* são pedidos e a publicação em seu diretório custará centenas de libras. Assim, a menos que você perceba que entrar em suas publicações valha a pena, não assine o formulário.

Ter um ponto de compra dedicado a tudo o que se relacione com telecomunicações pode ajudar. Para compras técnicas verdadeiras, você precisa de algum tipo de especialista; se aquele especialista também for encarregado de todas as publicações de diretórios, ele/ela saberá muito rápido quais faturas estão relacionadas às publicações verdadeiras de diretório e quais não vale a pena pagar.

Se você não estiver certo sobre o diretório que está sendo oferecido, peça para ver uma edição anterior, detalhes sobre a forma de distribuição, valores de circulação, custos etc. Verifique também o que exatamente está sendo oferecido – se for uma listagem de uma linha, sem descrição das atividades de sua companhia, serve para alguma coisa? (Lembre-se que diretórios autênticos normalmente fornecem esse nível de publicação gratuitamente.)

Antes de se comprometer a gastar dinheiro com qualquer editora de diretórios, pense seriamente se sua companhia se beneficiaria com a propaganda naquele diretório.

No Reino Unido, você pode contatar a Câmara de Comércio local para verificar se alguma reclamação for registrada contra a editora. Nos EUA, a agência estadual de proteção ao consumidor ou Better Business Bureau fornece as mesmas informações. Nesse país, você também pode reclamar, quando apropriado, ao Inspetor Chefe dos Correios.

CAPÍTULO

Quatro

O Golpe do Papel – e Outros Artigos de Consumo

O Golpe do Papel

Há vários anos, fui convidado para preparar um treinamento de dois dias sobre "Técnicas Básicas em Compras". O cliente era um grande departamento do governo, que, como muitos órgãos públicos, delega amplamente suas atividades de compra. Os representantes no treinamento, entretanto, tinham função de grande autonomia, ampla responsabilidade, experiência e antiguidade, mas todos compravam artigos ou serviços como se fosse uma tarefa de pouca importância em seu trabalho.

Muitos aspectos do treinamento destacavam a injustiça da função de compras – por exemplo, os fornecedores são inevitavelmente muito mais cientes do custo do fornecimento dos artigos ou serviços e, portanto, estão em posição melhor que os compradores para decidir se o preço a ser cobrado é justo. Outra injustiça na relação comprador/fornecedor decorre da compreensão de questões jurídicas – o empregado do fornecedor ou o consultor jurídico que elabora o documento concernente é muito mais consciente, presume-se, sobre as implicações relevantes das leis contratuais do que o comprador de meio expediente.

Portanto, incluí no treinamento uma seção curta sobre *questões jurídicas*. Essa seção não foi projetada para transformar os funcionários públicos em especialistas jurídicos; o fim era meramente alertá-los sobre alguns dos perigos nas transações comerciais.

Para introduzir a seção *questões jurídicas*, circulei cópias de documentos recebidos no meu escritório. Provavelmente, meus favoritos entre esses documentos eram os relacionados com o *golpe de papel*.

Perguntei a cada um dos representantes o que faria se recebesse cópias desses documentos pelo correio. Reconhecendo a semelhança entre os documentos e as faturas legítimas para entregas de papel, alguns representantes disseram que "verificariam se havíamos pedido o papel". Alguns disseram que "descobririam quem pediu o papel". Com toda franqueza, a maioria dos representantes disse que iria jogá-los no lixo. Sempre, no entanto, havia um ou dois representantes no grupo que participava do treinamento que dizia: "Eu pagaria."

Mesmo depois de ser explicado a essas pessoas que elas não tinham pedido o papel e que o fornecedor não era seu fornecedor habitual, os representantes do curso não conseguiam perceber como o golpe funcionava, uma vez que o fornecedor, sem dúvida, forneceria o papel exatamente como previsto no documento. Funciona de forma muito simples, vendendo-se o papel por um valor cerca de dez vezes mais alto que o seu valor real.

A Figura 4.1 traz um exemplo do tipo de documento que alguém que dá o golpe do papel pode enviar. O documento original não apresenta os pequenos números nas caixas; estes se destinam a destacar algumas das características mais interessantes da maneira como o golpe funciona.

1) O nome – o nome sempre parece imponente e/ou familiar. *Nacional* e *Internacional* são características bastante frequentes. O nome também pode ser uma ligeira variação em relação àqueles dos fornecedores principais (legítimos) de papel ou de artigos de papelaria, o que é claramente planejado para levar à confusão.

2) Fatura Pró-forma de Vendas – os profissionais de Compras sabem o que é uma fatura pró-forma, particularmente se estão envolvidos em importação e exportação. Os compradores não profissionais, a quem se destina o golpe, podem muito bem não saber que as faturas pró-formas não são exigências de pagamento, mas apenas documentos consultivos/de informações, destinados a facilitar o processo de remessa. Os golpistas informam ao comprador que esta é uma fatura pró-forma porque enviar uma fatura seria claramente ilegal e sugeriria, de forma fraudulenta, que os artigos e/ou serviços foram prestados e deveriam ser pagos. A fatura pró-forma, por sua vez, apenas convida o comprador a solicitar produtos ou serviços.

3) "Um dos fornecedores de papel de pedido por correio favoritos da Grã-Bretanha" esse tipo de afirmação provavelmente também não é desonesta, dependendo da definição de *favoritos*. Considerando o número de empresas que recebem e-mails desse tipo, provavelmente não há fornecedor de papel de pedido por e-mail que tenha um alvo tão amplo quanto os golpistas. Se alguém notar a palavra *favorito* subentendendo *popular* ou *preferido*, então, não seria verdadeiro, especialmente naquelas empresas cujos funcionários responderam a esse tipo de carta.

INTERNATIONAL PAPER SUPPLIES [1]

[2] **FATURA PRÓ-FORMA DE VENDAS**

[3] **UM DOS FORNECEDORES DE PAPEL DE PEDIDO POR CORREIO FAVORITOS DA GRÃ-BRETANHA**

Por uma questão de economia, não executamos serviços por telefone. Consultas postais são bem-vindas. [4]

INTERNATIONAL HOUSE – 500 HIGH STREET – QUALQUER CIDADE – ESSEX – EX1 1AB

Fatura para:	Entrega para:
MMM Consultancy Group *Edgbaston House* *3 Duchess Place* *Edgbaston* *Birmingham* *W Midlands B16 8NH*	*MMM Consultancy Group* *Edgbaston House* *3 Duchess Place* *Edgbaston* *Birmingham* *W Midlands B16 8NH*

Nº de sua Conta [6]	**Data**	**Nº Fatura Pró-forma**	**Reservada Mercadoria por:**	**Grupo de Desconto** [3]	**Data de despacho**
MMM4	22/11/99	MMM427041	Opção	Atacado	

Descrição	**Qtd Reservada**	**Unidade**	**Preço de Lista**	**Seu Custo**	**Total**
Pacote (Resma) Papel A4 de Primeira Qualidade (Qualidade Premium) (297 mm x 210 mm) [7]	10	Cada	31.95 [8]	24.99 [9]	249.90 [10]

VALOR TOTAL LISTA	VOCÊ ECONOMIZOU	SUBTOTAL	FRETE	VAT	PAID	**FAVOR PAGAR AO PREÇO DE**	293.63
319.50	69.60	249.90	GRÁTIS [11]	43.73	0.00		

FAVOR NOTAR: Essa fatura de pré-pagamento representa um convite para comprar a mercadoria descrita acima; isto é um pedido, não uma exigência de pagamento.
Nenhuma mercadoria será despachada antes do recebimento do pagamento. [12]

Figura 4.1 Exemplo do tipo de documento usado nos golpes do papel

4) "Por uma questão de economia..." – A afirmação "Por uma questão de economia não executamos serviços por telefone. Consultas por correio são bem-vindas" aparece mesmo em algumas faturas fictícias. A causa disso é que o golpista sabe que, em muitas das empresas-alvos, funcionários de escritório estão procurando um pedido que seja equivalente à *fatura* e vão querer saber quem fez o pedido do *papel* (na realidade, ninguém, é claro!). Um simples telefonema poderia esclarecer isso, então os golpistas cortam a possibilidade. Poucos funcionários assediados se dariam ao trabalho de escrever uma carta, assim, as chances de pagamento aumentam.

5) Grupo de desconto – todo mundo gosta de uma pechincha. Assim, o aparecimento de um desconto generoso (preços por atacado!) aumenta a chance de que o negócio seja concluído o mais rapidamente possível.

6) Número da conta – não é um número aleatório. Se o nome da empresa é "ABC", então, o número da conta será "ABC09" ou algo similar. Se o nome da empresa é "Lakes", o número da conta será "Lakes" ou alguma ligeira variação. Isso dá a impressão de que ou você tem alguma relação em andamento com esse fornecedor, ou alguém citou um dos seus números de pedido. Essa impressão é totalmente equivocada.

7) Papel de Primeira Qualidade (*Qualidade Premium*) – até recentemente, os pátios de estacionamento dos postos de serviços usavam, para descrever a gasolina em oferta, *premium* ou *super sem chumbo*. Você consegue se lembrar qual delas era a melhor? Sempre achei confusos os superlativos que foram aplicados em ambas as séries. O golpista está tentando confundir com essa descrição de papel de *primeira qualidade*. Isso é o melhor que se pode ter, ou apenas ligeiramente melhor do que o pior? *Comum* seria provavelmente uma descrição mais justa, mas não tem o mesmo impacto, de qualquer forma.

8) Lista de preços – quando eu perguntei aos representantes no treinamento o que eles pensavam sobre o preço do papel, a maioria admitiu não ter ideia. O preço do papel é volátil, mas no momento era simplesmente algumas libras (digamos £ 3-4) por resma. O preço de lista de um valor de £ 31,95, se relacionado à quantidade das 10 resmas *reservadas*, contudo, parecia ser razoável. Na realidade, se aplicava a *cada* resma e, portanto, era absurdamente alto.

9) Seu custo – é o nosso velho amigo, o desconto novamente. Porque ninguém consegue resistir a uma pechincha, o golpista apresenta a isca desta *oferta especial* em que o custo é 24,99 em vez de 31,95.

10) Valor – não é de se esperar que os usuários comecem a verificar a aritmética das unidades de edição, mas com toda probabilidade verificarão que é o preço com desconto que está sendo aplicado. Dez vezes

24,99 é logicamente 249,90 – portanto, cliente satisfeito (porque eles perderam de vista o fato de que cada resma deveria realmente custar apenas 31,95).

A outra característica interessante desse montante é que ele é ligeiramente inferior a £ 250. Muitas empresas o utilizam como um limiar abaixo do qual muitos funcionários juniores têm permissão para autorizar o pagamento de faturas. O montante total dessa fatura é projetado para maximizar o número de juniores, pessoas inexperientes, ingênuas, que permitirão o pagamento.

11) Frete – não desejando que o cliente possa ser desencorajado por uma taxa de transporte, o golpista oferece entrega gratuita. Juntamente com um preço com desconto, quem poderia resistir a uma oferta como esta?

12) "Favor notar..." – Nesse momento, tudo se torna claro. Qualquer um que ler todo esse documento entenderá que ninguém realmente fez pedido de coisa nenhuma e que o golpista está convidando você a enviar-lhe dinheiro; em troca, ele vai lhe enviar algum papel. (Embora, obviamente, eles não revelem abertamente o pequeno valor do papel.) Essa nota de rodapé tem por objetivo manter o golpista do lado *legal* do *limite legal/ilegal*. Eles contam com o fato de que a maioria das pessoas não lê as letras pequenas nos documentos financeiros enviados a elas – se o fizessem, o golpe jamais funcionaria.

Se nenhuma resposta for dada à *fatura inicial* (na realidade, uma fatura pró-forma, como já discutido), a resposta normal é um *lembrete urgente* ou *declaração* parecida. O objetivo é fazer com que os compradores que estão com o documento original tomem uma ação imediata, ou porque eles não sabem o que fazer com o documento ou para ativar as empresas que pagam mais rotineiramente contra declarações do que com faturas.

Um exemplo de lembrete como este retomou a declaração "Um dos fornecedores de pedido por e-mail favoritos da Grã-Bretanha" e acrescentou "como visto na imprensa nacional". Mais uma vez, o golpista não foi desonesto porque as histórias sobre esses golpes aparecem com regularidade na imprensa nacional, local e comercial. Pelo menos uma companhia que fazia essa declaração em particular também se destacava fortemente nas reportagens da imprensa porque membros do partido político então na oposição demandaram a tomada de ações em questionamento na "Câmara dos Comuns". Aquele partido de oposição, agora, está no governo, mas não há sinal de disposição política para exercer controle sobre as companhias que aplicam o golpe do papel.

Na parte com letras pequenas do lembrete, o golpista pode repetir "isto não é uma exigência de pagamento" (para tentar manter-se na legalidade) e acrescentar a linha que informa "favor pagar a fatura pró-forma de vendas para garantir fornecimentos futuros. O fato de não efetuar o pagamento acima mencionado pode levar à expiração da opção de garantia de preço de sua compra". Explicar que a *opção* dá à vítima a chance de comprar ainda mais papel por algo em torno de oito vezes a taxa atual, obviamente, não é do interesse do golpista.

Essas faturas pró-formas são frequentemente enviadas em enormes quantidades de emails/cartas no verão do hemisfério norte (principalmente em agosto) e na época do Natal (dezembro), e sempre atingem seu pico durante as semanas que incluem um feriado nacional. O motivo é que, durante esses períodos, os funcionários regulares (que poderiam reconhecer o golpe) sempre estão ausentes, de licença e substitutos de outros departamentos ou agências são trazidos para processar as faturas. Assim, as chances de sucesso para o golpista aumentam.

Também, devido às *faturas* serem emitidas em ondas, um grande número é pago antes que as histórias sobre elas cheguem à imprensa e, no decorrer de seis meses ou algo parecido, as pessoas se esquecem e, portanto, ficam despreparadas para quando a próxima onda chegar. Esses golpistas podem não ser pessoas muito boas, mas são marketeiros muito perspicazes.

Isto É Para Você – A Variante Telefônica do Golpe do Papel

O golpe do papel não é sempre aplicado via grandes quantidades de cartas. Um mecanismo alternativo é a venda por telefone. Tipicamente, uma secretária ou recepcionista com responsabilidade de fazer pedidos de papel receberá uma chamada telefônica com o seguinte teor: "Alô, aqui é a empresa Head Office Paper Supplies. Estamos ligando para informá-los que o preço do papel irá subir no próximo mês, portanto, se quiserem fazer pedidos com o preço antigo, é necessário fazê-lo agora." Na maioria das organizações, é feito pedido de papel com frequência porque a estocagem de grandes volumes pode causar problemas. Entretanto, é bem provável que o comprador precise adquirir um pouco antes do *próximo mês*.

Algumas coisas podem não aparecer de imediato para o comprador durante essa conversa. *Head Office Supplies* (ou algo similar) pode ser o nome da companhia fornecedora de papel e não (como o comprador poderia assumir) a matriz da companhia da qual eles normalmente compram papel. Deduzindo que eles sejam seus fornecedores habituais, o golpista espera que questões como preços, quantidades e marcas não apareçam na conversa – se desafiado, o vendedor pode dizer "nós fornecemos para você anteriormente, mas já faz um tempo" (o que pode ser verdade!), ou, "o preço é o mesmo da última vez" (o que também pode ser verdade!).

Também, "o preço do papel irá subir no próximo mês" pode (ou não) ser relativo ao preço desse papel específico e pode não se aplicar a qualquer outro fornecimento (a volatilidade de preço do papel como mercadoria agrega plausibilidade a essa afirmação). Isso pode muito bem, é claro, ser uma simples mentira. Se pressionado quanto a detalhes de preço, o vendedor irá cotar um valor, mas nenhuma unidade de entrega ou unidade ambígua de entrega, tal como *uma caixa*.

Em várias ocasiões, o comprador ingênuo colocará pedidos por telefone ao *preço deste mês*, pensando que obteve uma pechincha. Inevitavelmente, o preço que eles pagam pelo papel é várias vezes o preço normal atual.

Variantes na linha *o preço irá subir no próximo mês* incluem *liquidação de estoque* ou *pedido cancelado* ou qualquer outra história que possa fazer a vítima pensar que estava conseguindo uma pechincha. Algumas vezes, o golpista colocará o nome de um executivo sênior da empresa-alvo na conversa só para agregar um pouco mais de credibilidade.

Pode ser que seja solicitada do comprador a confirmação via fax. Embora a própria conversa por telefone seja suficiente para comprometer a organização compradora com um contrato legalmente vinculado (e o golpista deve ter registros ou *testemunhas* para verificar exatamente o que foi dito), a confirmação por escrito é muito útil para eles no caso de contestação.

Esses vendedores por telefone podem operar em salas abarrotadas de pessoas simultaneamente empurrando golpes similares para uma série de vítimas. Eles pegam detalhes de seus alvos de várias fontes, incluindo diretórios padrões de telefone. Eles também mantêm e compartilham *listas de otários* – as próximas vítimas. Essas *listas de otários* são particularmente valiosas para o golpista, uma vez que as pessoas nela listadas são especialmente vulneráveis ao *duplo golpe*.

Um Estudo de Caso Real

O golpe do papel na versão telefônica (quase) foi perpetrado em minha organização em agosto, quando só a secretária de meio período estava no escritório. Sob considerável coação, ela concordou em comprar cinco caixas de papel. O termo *caixa* presta-se a várias interpretações com relação a papel, pois normalmente cinco resmas de papel são compradas embrulhadas uma a uma, dentro de uma caixa de papelão externa.

Com base nos preços cotados, nossa secretária de meio período tinha assumido que *uma caixa* era uma caixa de papelão com cinco resmas. A definição dos golpistas de caixa era a caixa interna, que continha uma resma.

Os golpistas emitiram a papelada relativa à transação, que incluía várias características vantajosas a seu favor. Por exemplo, disseram "devolução sujeita a 40% de taxa de manuseio" – isso poderia provocar hesitação em alguns compradores que começassem a detectar algo errado. Eles também fizeram referência a "embarques múltiplos de 40 caixas de papelão". Assim, não era um pedido para cinco unidades, mas para oito entregas separadas, cada uma com cinco unidades, e cada uma delas custando cinco vezes mais que o preço normal. (Essa prática de alvejar repetidamente uma vítima que caiu num golpe não é rara e é algumas vezes referida como *recarga*. Eles continuarão a enviar faturas pelo tempo que você continuar efetuando pagamentos e podem bem passar o nome de sua organização para outro aplicador de golpes ou adicionar outra mercadoria aos fornecimentos que embarcam para você.)

Foi só quando emitiram o próximo segmento de correspondência, entretanto, que a nossa secretária começou a suspeitar que algo estava errado. Eles enviaram a ela um *voucher* de £ 10 para usar em uma loja da rua principal. Muitos funcionários juniores poderiam pegar um *voucher* como aquele com muita satisfação e gastá-lo. Se, em seguida, descobrissem que a compra do papel que eles haviam feito era um roubo, eles contariam ao chefe ou dariam uma palavrinha em particular com o colega da Contabilidade, para apressar o pagamento? Se escolhessem a segunda opção, as chances de o golpista conseguir todos os oito embarques pelo sistema seriam muito melhores.

Uma variante dessa estratégia, às vezes, é referida como *golpe do cavalo dado*. Um presente é enviado ao comprador sem que tenha feito nenhum pedido. Mercadorias com preços superestimados são, então, despachadas, seguidas imediatamente por uma fatura. Se o comprador aceitou o presente e for, em seguida, contestado pelo seu empregador, que credibilidade terá quando protestar que não fez nenhum pedido? As chances são que o empregador acreditará que seu empregado errou ao encomendar algo que deve ser pago.

Nossa secretária não usou o *voucher* de £ 10 e contou para o chefe dela o que havia feito. Uma vez que sua ação havia gerado a celebração de um contrato legalmente vinculado de mercadorias com preços enormemente superestimados, o chefe ficou em uma situação difícil.

A carta que enviei ao golpista (após vários telefonemas e *lembretes*) está transcrita nas linhas a seguir:

> Recebemos sua correspondência relativa à sua *fatura* número 1234 de £ 10. Pensamos que houvéssemos deixado perfeitamente claro que consideramos falsa a sua correspondência anterior sobre esse assunto.
>
> Uma vez que um contrato legal não possa ser estabelecido sob coação ou declaração falsa, sentimo-nos desobrigados a pagar qualquer quantia a vocês, seja ela qual for.
>
> Não obstante, uma vez que recebemos certa quantidade de papel de sua organização, nós lhe oferecemos as seguintes alternativas:
>
> 1) Pagaremos a vocês £ 10 em pagamento integral e definitivo.
> 2) Vocês poderão recolher e remover o papel sem custos para a outra parte (N.B., consideramos, pelos motivos acima apresentados, que não existe con-

trato; mesmo se existisse, seus 40% de *taxa de manuseio* seriam um termo de contrato desmedido).

3) Podemos verificar a opinião jurídica sobre que parte está correta em sua interpretação sobre a validade dessa transação.

Se vocês escolherem a opção 3, iremos pedir as opiniões não apenas de nossos assessores jurídicos, como também da Polícia Distrital de Cambridge, Polícia de West Midlands, dos órgãos de normas de comércio apropriados e da Câmara de Comércio de Birmingham.

Atenciosamente,
T Kitching
Diretor de Consultoria

Alguns dos pontos apresentados na carta são mais válidos que outros. Um contrato legalmente vinculado não pode ser estabelecido sob coação ou declaração falsa, embora o golpista, sem dúvida, afirmaria que nada ocorreu.

Nossa oferta de £ 10 representa uma parte justa para a quantia de papel entregue, mas nossa secretária de meio período concordou inadvertidamente com uma quantia muito mais alta.

Os 40% de taxa de manuseio são, sem qualquer dúvida, um absurdo. Não custa £ 10, ou algo assim, organizar a retirada de algumas caixas de papel. Se, porém, ele já conseguiu exigir isso de alguém, a taxa representaria cerca da metade dos lucros do golpista sobre a transação original.

O motivo pelo qual a Polícia Distrital de Cambridge é citada é que o golpista estava operando em sua área. A Polícia de West Midlands é nossa polícia local, mas o golpista saberia que, de toda maneira, a polícia nem estaria interessada, como é improvável que um crime estivesse sendo cometido e, se estivesse, poderia ser difícil obter um processo de acusação bem-sucedido. Cada uma das várias unidades policiais do Reino Unido tem seus próprios critérios para a aceitação de casos. Um desses critérios pode ser se a vítima apresentasse a devida diligência ao tratar da situação. Sempre há um *sistema de pontos* para atribuição do trabalho envolvido em golpes que atravessam as fronteiras da polícia. Várias unidades de polícia definitivamente não têm seção de crime (ou fraude) comercial. Qualquer pessoa com atitude cínica poderia conjeturar que isso se deve ao fato de crimes comerciais não serem prioridade governamental (atualmente) e que os recursos estão focados em drogas, crimes violentos e assaltos, porque uma melhoria nessas áreas mais provavelmente seria um voto vencedor. Uma visão alternativa (igualmente cínica) seria que investigações de fraudes são dispendiosas e cortá-las seria uma maneira convidativa de ajudar a equilibrar o orçamento. Algumas dessas unidades de polícia que têm setor de crime comercial visam tipos especiais de fraude, por exemplo, empresas de fachada. Os golpistas sabem quais unidades de polícia têm recursos substanciais para combater um crime comercial e podem escolher sua base de operação de forma adequada.

Os critérios que a Polícia Metropolitana usa para decidir se seu batalhão de fraude deve ser envolvido abrangem:

- É uma fraude grave?
- Envolve golpes de propinas, transações bancárias, mercadorias, *hackers*, vírus de computador, agências de *factoring* ou desconto, propriedade estrangeira ou propriedades de férias por tempo compartilhado, franquias, instituições de caridade fraudulentas, transações comerciais fraudulentas, investimentos, empresas de fachada, aplicações de ações múltiplas, fundos de pensão, corrupção do setor público, do transporte e do comércio?
- A perda excede £ 750 000?
- Um ou mais dos suspeitos é advogado ou funcionário do setor financeiro atuando na sua especialidade profissional ou o assunto é politicamente sensível?
- Um ou mais dos suspeitos já está sendo investigado pelo Batalhão de Fraude?

Levando essa lista em consideração, portanto, as chances de o batalhão de fraudes ficar muito entusiasmado se você for uma vítima do golpe do papel são bastante remotas.

Os órgãos de normas comerciais podem ficar interessados ou não. A tarefa principal deles é proteger o *consumidor* e isso raramente se estende a interesses empresariais. A Câmara de Comércio ficaria interessada em receber detalhes do golpe, contudo, não tem força para combatê-lo, sendo que a sua ação fica, em geral, restrita a emitir um alerta para seus outros membros.

Após eu enviar a carta, recebi um telefonema do *controlador de crédito* do golpista (tenho uma forte suspeita de que o *controlador de crédito*, o diretor geral e o diretor de vendas são a mesma pessoa). Durante o telefonema, ele tentou me convencer de que o preço era justo porque aquele era um papel *especial* que poderia servir para máquinas de fax, impressoras e copiadoras (nossa!). De fato, esse tipo de telefonema para um cliente indisciplinado é muito normal e tende a seguir uma linha previsível de *intimidação* (se você não pagar, o levaremos ao tribunal), negociando (o que você acha se lhe dermos 20% de desconto?) e cobrando por devoluções (por exemplo, os 40% de *taxa de manuseio*). Abrangi todas essas possibilidades em minha carta, mas ainda levou 20 minutos para ele desistir. Finalmente, ele entendeu que eu realmente apreciaria a ideia de debater os problemas em um tribunal, se necessário, e, nesse ponto, ele concordou em retirar o papel, sem nenhum custo.

A última surpresa da história foi que o papel foi retirado por uma distribuidora de papel legítima, de renome. O golpista estava, é óbvio, simplesmente retransmitindo pedidos a eles, e não tinha nenhum sistema de estoque ou de distribuição próprio.

Outros Artigos de Consumo de Escritório

Papel é sem dúvida a mais comum das mercadorias a ser usada nesse tipo de golpe e há algumas razões bastante óbvias para isso:

- Seu preço pode ser volátil, portanto, os funcionários de escritório não têm certeza sobre seu preço correto e podem estar propensos a fazer uma compra antes do próximo aumento.
- É percebida como uma compra de baixo valor e sua aquisição é, portanto, muitas vezes atribuída aos funcionários em um nível mais baixo da hierarquia.
- O golpista pode tirar vantagem de unidades de emissão pouco familiarizadas ou confusas.

Golpes similares também são perpetrados por vendedores que forçam a venda de outros artigos de consumo de escritório. Por exemplo, recentemente, fui contatado por uma senhora que dizia que tinha ligado para me agradecer por ajudar sua companhia com uma pesquisa.

Quando eu disse que não me recordava de ter ajudado com a pesquisa, ela informou que, definitivamente, eu havia participado da pesquisa e que eles queriam me agradecer, enviando-me algumas taças ou copos. Isso teria supostamente se originado de um cliente com quem eles teriam acabado de conseguir um grande pedido: "Gostaria de receber copos de uísque ou taças de conhaque?"

A vendedora parecia bastante surpresa quando eu disse que não queria nenhum copo ou taça, mas continuava com seu roteiro, que incluiu a venda de cartuchos de impressora: "Posso apenas enviar-lhe um, junto com seus copos/taças – eles custam somente 1-9-5". Na realidade, ela queria dizer £ 195, embora esperasse, talvez, que as pessoas imaginassem que ela queria dizer £ 1,95. O custo de cartuchos para impressoras similares é geralmente £ 30-40.

O uso do brinde para incentivar compradores a colocar um pedido é uma variante da técnica de vendas *puppy dog* (oferta experimental). Ela funciona com base no princípio de que, se você leva um cachorrinho para sua casa com sua família, é improvável que o devolva porque todos se afeiçoarão a ele. Autênticos vendedores (ou, no mínimo, semiautênticos) usam a mesma técnica quando emprestam fotocopiadoras ou máquinas de distribuição automática de bebidas para as empresas. Os funcionários se acostumam a essas máquinas e não querem que elas sejam devolvidas.

Os golpistas incentivam a falta de integridade no comprador. Este recebe o seu *brinde* e seu empregador recebe a conta. O fato de a conta estar fora de qualquer proporção em relação ao valor das mercadorias fornecidas não tem grande interesse para alguns compradores – eles não estão pagando. Aqueles compradores que percebem que seus empregadores estão sendo roubados sentem-se inclinados a não soar o alarme com medo das perguntas sobre o brinde que aceitaram. Em alguns casos, os golpistas podem até chantagear a vítima a colocar mais pedidos de suprimentos com a ameaça que contarão ao chefe da vítima sobre a aceitação do presente.

Os cartuchos de tôner são frequentemente usados nesse tipo de golpe porque são um artigo consumível de escritório relativamente caro e poucas pessoas saberiam quanto eles custam. Eles agregam a vantagem ao golpista de serem fornecidos em versões com nomes de marcas muito caras e modelos de imitação muito mais baratos. Adivinhe o que você receberá se fizer o pedido com o golpista!

Os golpistas que empurram os cartuchos de tôner baratos (mas não a preços baixos) podem preceder as ligações de vendas com uma ligação de pesquisa de mercado para estabelecer que tipo de fotocopiadoras e impressoras você tem em seu escritório. Os tôners que são utilizados pela sua máquina serão os únicos que estarão em *oferta especial* quando o pico de vendas começar.

Artigos em Geral

Outros artigos de consumo também são utilizados pelos golpistas para obter desproporcionalmente grandes somas de dinheiro em troca de itens de baixo valor. Material de limpeza é um exemplo. Vi uma documentação relativa a material de limpeza emitida em 30 de dezembro (quando a maioria dos funcionários, especialmente funcionários de escritório, está de férias). O motorista de entrega obtém a assinatura, acusando o recebimento do material, e uma fatura é gerada (também datada de 30 de dezembro), a qual também cita o nome do recebedor.

O que a pessoa do departamento de contas tem a fazer quando receber a fatura? A mercadoria foi recebida e aceita (o nome da pessoa que assinou por eles aparecerá na fatura). Os materiais de limpeza são utilizados por um vasto leque de pessoas, portanto, podem ter sido pedidos – mas por quem? Pode ser tentador pagar a fatura enquanto tenta descobrir quem fez o pedido do material de limpeza (muito caro) – é exatamente isso que o golpista (que forneceu os materiais de limpeza de qualidade muito baixa) cspcra.

Por outro lado, alguns golpistas trabalham obtendo o nome do comprador habitual da documentação, além da pessoa que assina pelo recebimento da mercadoria. Um telefonema curto em antecipação – "você pode me dizer o nome da pessoa que faz pedidos de material de limpeza?" – permitirá adicionar um nome de confiança para a fatura. Nas empresas que não verificam com o comprador, essas faturas podem ser pagas.

Quando os golpistas organizam entregas sem pedidos e superfaturadas, sempre confiam nos recebedores abrindo o pacote antes de conciliar os documentos e, em seguida, assumindo (erroneamente) que, porque a mercadoria foi aberta, deve ser paga.

Itens de Especialista

Outros itens que são comprados apenas muito ocasionalmente são difíceis para o comprador não profissional avaliar e são, portanto, às vezes usados em golpes.

Extintores de incêndio são um exemplo comum de golpe. Para promovê-los os golpistas podem inventar ou exagerar requisitos regulatórios para os extintores serem substituídos, renovados ou atualizados. Afirmações semelhantes são por vezes usadas para empurrar os materiais de limpeza de alto preço, por exemplo, "nossos produtos cumprem com as regras de saúde e segurança – os produtos que você usa agora podem não estar em conformidade".

Você Não Pode Superar Uma Marca

Algumas pessoas recomendam que uma maneira de evitar o golpe do papel (e suas variantes, particularmente, artigos de escritório) é sempre especificar produtos de marca. Não concordo totalmente com essa opinião e até recomendo que a boa prática de compra exija que marcas não sejam especificadas; na realidade, a compra deve ser feita com base em padrões de desempenho.

Se você insiste em uma marca e está tratando com um golpista, esteja preparado para a oferta de produtos *compatíveis com* XXXX (onde XXXX é o nome da marca em causa). Mesmo que o produto fornecido seja *compatível*, é improvável que seja equivalente ao seu primo mais famoso.

Como Evitar o Golpe do Papel e Suas Variantes

- Como regra geral, não pague nada, a menos que você saiba que fez o pedido daquele item, que ele foi fornecido de acordo com a sua especificação e que você é obrigado a pagar.
- Os golpistas tentarão frequentemente tomar como alvo os funcionários que não estão familiarizados com práticas de compras; você deve

treinar os funcionários que não são habilitados a colocar pedidos para redirecionar as chamadas telefônicas do marketing para um especialista na mercadoria, que entenderá o que está sendo oferecido e quais são as necessidades da empresa.

- Desconfie se os itens estiverem aparentemente sendo vendidos por muito menos do que o habitual.
- Desconfie muito se os vendedores pressionarem quanto ao pagamento imediato.
- Certifique-se de que a equipe que está lidando com faturas sabe a diferença entre uma fatura e uma fatura pró-forma.
- Use um sistema de pedido de compra. Se eles todos são ou não pedidos em papel (cada vez mais os pedidos serão eletrônicos), implemente um sistema pelo qual os pagamentos só podem ser feitos se houver um pedido de compra válido. Cada pedido deve ser numerado individualmente e rastreável até a sua origem.
- Designe funcionários para a compra de produtos específicos. Isso irá construir seu conhecimento de mercado e evitar os compradores *amadores* comprometendo a organização com compras precipitadas.
- Estabeleça um contrato por telefone para os itens pedidos com frequência, tais como artigos de papelaria, e conscientize todos de que todas as entregas deverão ser obtidas do fornecedor contratado.
- Proíba o uso de pedidos por telefone, exceto para fontes de fornecimento conhecidas, estabelecidas e confiáveis.
- Não tome decisões de compras impulsivamente quando pressionado por um vendedor ao telefone.
- Peça um catálogo ou outra informação escrita de vendas do pessoal de televendas persistente.
- Se você não tiver certeza se os seus extintores são adequados/apropriados, fale com o serviço de bombeiros local.

CAPÍTULO

Cinco

O Golpe da Nigéria

Não se Trata Verdadeiramente de Um Golpe

Pela minha definição, o golpe da Nigéria, na realidade, não se qualifica como um golpe de Compras porque (a) não está especificamente relacionado a Compras e (b) fica bem no lado *fraude* da linha divisória entre fraude e golpe. Porém, deve ser incluído neste livro pelos seguintes motivos:

- Sempre é referido como golpe.
- É de longe a mais comum das práticas questionáveis relatadas às autoridades pelas empresas.
- É sempre voltado aos proprietários/gerentes de pequenas empresas (que geralmente também são responsáveis por Compras).
- É provável que custe a quem se envolve com esse tipo de golpe muito mais dinheiro do que qualquer um dos outros golpes descritos neste livro.
- Custa a vida das vítimas!

O Golpe Mais Comum do Mundo

A Nigéria é fonte de vários golpes dirigidos a empresas de todo o mundo: a Rússia, o Sudeste Asiático, o Oriente Médio, a Austrália e a Nova Zelândia são alvos, além do Reino Unido e dos EUA. Dizem que a *Financial Crimes Division of the US Secret Service* (Divisão de Crimes Financeiros do Serviço Secreto dos EUA) recebe cerca de 100 chamadas telefônicas e de 300 a 500 itens de correspondência por dia sobre as variantes de fraude da Nigéria.

Os Correios do Reino Unido e da América (do Norte) apreenderam quatro milhões de cartas de golpes antes da entrega em um único ano, mas estima-se que pelo menos 500.000 cartas desse tipo por ano são entregues para os seus alvos só no Reino Unido (esse número não inclui correspondências por fax e e-mail). Em Hong Kong, estima-se que essas cartas perfaçam 95% de toda a correspondência recebida da Nigéria. Costuma-se dizer que se você não tiver recebido uma carta de algum político desconhecido ou funcionário do governo nigeriano, oferecendo-lhe o negócio de sua vida, você deve reclamar que é vítima de discriminação.

As estimativas indicam vários bilhões de dólares por ano na última década, ou algo assim, como a quantidade total de dinheiro arrecadado pelos criminosos que aplicam o golpe da Nigéria. Conforme alguns relatos, é a terceira maior indústria da Nigéria.

A Conexão Europeia

Algumas das cartas são postadas na Holanda, onde há uma comunidade de origem nigeriana. A Holanda também, às vezes, figura no golpe como um local para reuniões. Os bancos em que as vítimas são obrigadas a pagar o dinheiro, muitas vezes, são também holandeses, embora o Japão e os EUA também sejam populares para essa finalidade. Londres também é um local frequentemente utilizado para reuniões, muitas dos quais envolvem a cessão de dinheiro (de você para eles, obviamente).

Como Isso Funciona?

Os golpistas enviam uma carta destinada a iludir a vítima a pensar que foram especialmente escolhidas para participar de uma transação muito lucrativa, embora muito questionável.

A abordagem mais comum por parte dos fraudadores é enviar uma carta que dá a entender que foi arquitetado um esquema para conseguir uma grande quantidade de dinheiro (geralmente US$ 20-30 milhões) através de superfaturamento em um grande contrato internacional. A fim de colocar as mãos no dinheiro, os bandidos afirmam que precisam passá-lo pela conta bancária da vítima. Em contrapartida pela prestação do serviço, a vítima é levada a acreditar que ficará com 10 ou 20% do valor.

Uma carta típica é representada na Figura 5.1. Recebemos duas cópias dessa carta no prazo de três meses, idênticas em todos os detalhes, exceto pelo fato de que foram enviadas por pessoas diferentes. As cartas geralmente são mal digitadas, muitas vezes em letras maiúsculas, contendo erros de ortografia e, frequentemente, pedem a bênção de Deus para a empresa. Os erros de ortografia provavelmente são colocados deliberadamente para dar a impressão de que o remetente da carta não é tão inteligente como o destinatário. A linha sobre sigilo está sempre presente, obviamente, de modo que o alvo não diga a seus amigos que poderiam ser mais capazes de entender e explicar-lhe como o esquema funciona. Os aplicadores do golpe frequentemente endereçam a carta ao *presidente* ou *CEO*, se não se preocuparem em pesquisar sua empresa em detalhes. Vocês geralmente são convidados a fazer contato por telefone (variantes mais recentes discutidas a seguir podem citar um endereço de e-mail); não é dito que aqueles telefones são públicos, mas sempre é sugerido que as chamadas sejam feitas dentro de horários muito limitados.

Qualquer pessoa que responda a uma carta como esta é, obviamente, um vigarista ou um tolo. No entanto, existem algumas pessoas que, atraídas pela perspectiva de 10 ou 20% do montante de US$ 20 ou 30 milhões (os proventos são sempre em dólares), acabam por se envolver. O fato de o dinheiro ter ficado sempre parado em alguma conta bancária há muito esquecida e ser aparentemente obtido de um governo corrupto anterior pode incentivar os recebedores da carta a pensar que estarão participando de um *crime inocente*, se é que admitem para si mesmos que o que eles estão fazendo é parte de um ato criminoso.

Nesse ponto, os 5% reservados para compensar as despesas entram em jogo. Às vezes, o valor é de 10%, mas será sempre menor do que o valor que a vítima espera receber na transação. Esse dinheiro adiantado que supostamente deve ser fornecido pela vítima para lubrificar as engrenagens do processo (na realidade, para obter essas *taxas em antecipação*) é o verdadeiro objetivo dos fraudadores. A vítima é tranquilizada com relação à autenticidade do esquema por meio do fornecimento dos documentos falsos, aparentemente, portando papel timbrado e selo oficial do governo nigeriano. Cartas de crédito forjadas, prazos de pagamento e transferências bancárias também são fornecidos à medida que o golpe se desenvolve.

Uma vez que a confiança é estabelecida, pode aparecer algo errado com o negócio e a vítima é pressionada a fornecer quantias crescentes de dinheiro para cobrir subornos antecipados para funcionários, pagamentos de *advogados*, *honorários de auditoria* ou impostos ou encargos imprevistos, como *taxa de transferência*, *cauções negociais*, *certificado de contratante não residente*, *formulário de verificação* ou simplesmente *taxas de adiantamento*. Esse processo pode continuar por meses com a vítima disposta a investir cada vez mais em busca da ilusória recompensa gigantesca.

As vítimas ficam presas em uma espiral de desespero, na busca diária do dia do pagamento ilusório, enquanto se tornam cada vez mais conscientes da crescente quantidade de dinheiro que já pagaram. Os fraudadores contam com uma abordagem de conta-gotas para extorquir dinheiro como a maneira mais eficiente de maximizar a sua extorsão. Para as vítimas, queixarem-se às autoridades não é fácil porque, como sabemos, elas também são vigaristas.

ESTRITAMENTE CONFIDENCIAL

Lagos, Nigéria

Prezado Senhor

PEDIDO URGENTE PARA TRANSAÇÃO COMERCIAL

Primeiramente, devo solicitar sua discrição nesta transação. Isso em virtude de sua natureza totalmente confidencial e extremamente secreta.

Somos altos funcionários da NNPC – NIGERIAL NATIONAL PETROLEUM CORPORATION (Corporação Nacional de Petróleo Nigeriana) e membros de uma comissão *ad hoc*, instituída pelo Governo Federal da Nigéria para revisar contratos adjudicados pela administração militar anterior. Os membros da comissão estão basicamente interessados na importação de bens para o país, com um fundo que está atualmente flutuando no BANCO CENTRAL DA NIGÉRIA.

Esse fundo é resultado de contratos extremamente superfaturados, executados para o NNPC durante o último governo. Alegou-se que altos funcionários do governo criaram empresas e adjudicaram contratos a eles próprios. Como resultado, o governo atual criou essa comissão para identificar, analisar e recomendar pagamento para todos os contratos em vigor que tenham sido totalmente executados. No decorrer do nosso dever, identificamos um lote de fundos indevidamente apropriado e inflado que está atualmente bloqueado no Banco Central da Nigéria, pronto para pagamento.

As empresas que executaram o contrato foram devidamente pagas. Por isso, me foi delegada, por uma questão de confiança por parte de meus colegas do setor, a missão de procurar um sócio no exterior, em cuja conta possamos transferir a quantia de US$ 18.000.000 (dezoito milhões de dólares americanos).

Na verdade, tivemos êxito na transferência de parte desses fundos superfaturados, precisamente US$ 5 milhões (cinco milhões de dólares americanos) para uma conta estrangeira no Líbano. Mas o titular da conta no Líbano é uma pessoa de má-fé e se recusou a cumprir os nossos acordos anteriores, insistindo em que o montante total fosse pago na sua conta antes de ocorrer o desembolso. Perdemos a confiança e a confiabilidade em nosso amigo libanês, porque se para uma transação de 5 milhões de dólares não formos remunerados, será que, quando o saldo de 13 milhões dólares americanos forem transferidos teremos certeza de que receberemos a nossa parte total do negócio? Por isso, buscamos seu auxílio de forma que a quantia restante de US$ 13 milhões possa ser rapidamente processada e totalmente remetida para a sua conta.

Fizemos um acordo em que você ficará com 20% do dinheiro. 5% serão reservados para compensar quaisquer despesas que possam ocorrer, enquanto nós ficaremos com os 75% restantes. É a partir desses 75% que queremos iniciar o negócio da importação.

Para ter sua confiança, Sr., informamos que toda a logística está em vigor e todas as modalidades foram estruturadas por alguns dos altos funcionários do Ministério da Fazenda e do Banco Central da Nigéria, para facilitar a remessa regularizada do valor para sua conta dentro de dez a doze dias a partir do recebimento das seguintes informações pelo TEL/FAX-XXX-X XXXXXXXX.

1) Nome do Banco, endereço, número de conta bancária, números de telefone, fax e telex.

2) Nomes de suas empresas, endereço, dados e atividades da empresa e números de telefone e fax.

Essas informações nos permitirão fazer os requerimentos e reclamar os créditos para os respectivos ministérios e agências governamentais em favor de sua empresa.

Favor acusar o recebimento desta carta usando o número de telefone/fax acima. Farei uma descrição completa deste projeto pendente quando falar com o Sr. por telefone.

Atenciosamente.

Figura 5.1 Carta típica de golpes nigerianos.

Os pagamentos iniciais, normalmente, são de aproximadamente $ 5.000,00, mas os pagamentos subsequentes podem ser de até $ 200.000,00. As vítimas podem também endividar-se para fazer esses pagamentos e, portanto, são atraídas a entregar quantias cada vez maiores, em uma tentativa desesperada de chegar *o dia do pagamento*. A maior quantia perdida por um único indivíduo de que já ouvi falar é de $ 6 milhões.

A pior coisa que a vítima pode fazer nessa fase é aceitar o convite do fraudador para viajar à Nigéria, ou a um dos países vizinhos, para uma reunião a fim resolver o problema ou receber uma garantia.

As vítimas recebem a informação de que não será necessário visto de entrada no país, o que é verdade, porque os fraudadores estão aptos a subornar funcionários do aeroporto, de forma que estes cooperem. A vítima torna-se, então, um imigrante ilegal em um país africano, detida por um grupo de criminosos internacionais. Violência e ameaças podem, então, ser usadas para pressionar a vítima a organizar mais transferências financeiras de sua empresa ou de sua família.

A ideia de uma visita à Nigéria, muitas vezes, é implantada no início da transação. Por exemplo, a carta original pode afirmar o seguinte: "É conveniente observar nesse ponto que, se o negócio for concluído com êxito (ou seja, quando o dinheiro entrar na sua conta), também teremos um encontro face a face para uma discussão mais próxima, já que a ideia é deixarmos o Serviço Governamental para ingressar no setor privado."

Podemos Confiar em Você?

Como parte de sua tática para incentivar a vítima a visitar a África e também para fazer com que a vítima fique *com o pé atrás*, os golpistas muitas vezes se referem a pessoas com quem tenham negociado no passado que os tenha decepcionado. (Você não pode confiar em qualquer um nos dias de hoje, pode?)

Por exemplo, uma carta mencionava: "Há dois anos, uma operação semelhante foi realizada com um P **** Miller, presidente da C **** International Trading Corporation, nº ***, East **th Street, 28º andar, Nova York (os asteriscos são inserções minhas para disfarçar o nome, na eventualidade de a referência ser a uma pessoa ou companhia real). Após aquele contrato entre ambas as partes, em que era para ele ficar com 30%, o dinheiro foi devidamente transferido para a conta dele, e ficamos desapontados quando chegamos em Nova York e fomos informados por fontes seguras que o Sr. P*** Miller não estava mais naquele endereço e seus números de telefone e fax tinham sido transferidos para outra pessoa. Foi assim que perdemos US$ 27,5 milhões para Sr. P**** Miller."

Agora, o mais fascinante é que, ao analisar uma pilha de cartas de golpes da Nigéria, descobri que o Sr. P *** Miller havia fraudado Dr. John Ego do Ministério do Petróleo semanas após fraudar Mr. Ego John do Ministério da Aviação. A estranha semelhança nos nomes de pessoas lesadas na Nigéria e do suposto trapaceiro em Nova York se tornou ainda mais curiosa quando encontrei exemplos do Sr. Miller sendo citado por três pessoas diferentes (supostamente) da *National Petroleum Corporation* e na Comissão Nacional de Planejamento Econômico. De acordo com essas cartas, o Sr. Miller vem aplicando golpes com sucesso no papel de um vigarista nigeriano há vários anos. O Sr. Miller nem sempre é tido como responsável por esses duplos negócios imaginários; outro homem na Itália é frequentemente citado como tendo fraudado os autores das cartas.

Conexões Falsas

A organização mais comumente citada como empregadora de fraudadores da Nigéria é a *Nigeria National Petroleum Corporation* (presumivelmente, porque a vítima espera que as empresas de petróleo tenham tanto dinheiro que não perceberiam se parte dele desaparecesse).

Outras organizações citadas na carta incluem:

- Grupo de Revisão de Contratos do Governo Federal
- Comissão de Revisão de Contratos da Nigéria
- Fundo Fiduciário (Especial) de Petróleo
- Departamento de Recursos Minerais e Petróleo
- Comissão de Adjudicação e Monitoramento de Contratos
- Ministério Federal de Agricultura e Recursos Naturais
- Força Tarefa Presidencial para Regularização de Dívidas aos Contratantes Estrangeiros (particularmente, gosto desta!)
- Comissão Especial para Orçamento e Planejamento do Ministério do Petróleo
- Ministério Federal da Fazenda
- Ministério Federal dos Transportes
- Ministério de Obras e Habitação
- Grupo de Revisão de Falhas de Contrato do Governo Federal
- Comissão de Adjudicação e Monitoramento de Contratos
- Ministério Federal da Aviação
- Conselho de Autoridades Alfandegárias da Nigéria
- Aeroporto Internacional Murtala Mohammed
- Banco Central da Nigéria

Algumas pessoas afirmam também que os fundos excedentes surgiram com o dinheiro fornecido pelo Fundo Monetário Internacional ou pelo Banco Mundial.

Outras tentativas de estabelecer a credibilidade incluem frases como:

- "Obtive seu endereço em nossa Câmara de Comércio e Indústria."
- "Obtivemos seu endereço na embaixada do seu país aqui, na Nigéria."
- "Faço esse contato com você em nome dos meus colegas, após recomendação de aceitação da Agência de Comércio Internacional."
- "Obtive seu nome através da Enciclopédia Mundial do Comércio."
- "Com base nas informações recolhidas junto ao Ministério do Comércio e Indústria..."
- "Fazemos contato com você com base nas informações confiáveis recolhidas junto de nosso contato jurídico/político, ressaltando os perfis de sua empresa" (*sic*).

Talvez as mais audaciosas das frases, no entanto, sejam: "Honestamente, asseguro que essa operação é 100% livre de risco" e "Deixe que a honestidade e a confiança sejam nossos divisores de águas em toda essa operação ..." – tudo isso vindo de pessoas que declaram estar trapaceando seus empregadores em dezenas de milhões de dólares!

O Golpe da Nigéria, Também Conhecido Como Golpe 419

O golpe da Nigéria tem sido aplicado há muitos anos. Agora é tão conhecido na comunidade empresarial, que é frequentemente referido como *golpe 419*, por conta da seção do código penal nigeriano que proíbe tais fraudes. No entanto, as pessoas ainda caem nele e as fraudes são estimadas em centenas de milhões de dólares por ano somente nos EUA.

A ingenuidade de algumas pessoas, contudo, é surpreendente. Uma das cartas de golpe da Nigéria começa com o seguinte parágrafo:

> "Estou ciente dos golpes em grande escala, incluindo o golpe da taxa antecipada, perpetrados por alguns nigerianos sem escrúpulos contra inocentes empresários estrangeiros menos avisados, sob diferentes disfarces. Essas nefastas atividades estão sendo iniciadas por meio de propostas fictícias prometendo pagar às vítimas potenciais, generosas e tentadoras comissões de assistência no final das contas. Esta é uma questão de máximo pesar que deve ser condenada em sua totalidade pela comunidade internacional."

A carta depois continua a propor um golpe idêntico aos outros que foram supostamente condenados no primeiro parágrafo.

Essa carta em particular estava assinada por alguém com o título de "Príncipe". Normalmente, é simplesmente por "Dr."; às vezes, é um "General/Brigadeiro". O primeiro nome muitas vezes sugere uma grande religiosidade. Por exemplo, vi duas cartas idênticas, uma assinada "Dr. Profeta

Chuka"; a outra assinada "Senhor Chuka Adorado" – não posso deixar de pensar que eram relacionadas.

A Palavra Oficial

O golpe da Nigéria é fonte de queixas frequentes às autoridades nigerianas. Em 1995, 35 países protestaram contra a inação para parar o dilúvio de cartas. Como resultado, o Alto Comissariado da Nigéria e outros órgãos emitem frequentes alertas pela imprensa sobre o golpe, na tentativa de reduzir seu impacto e críticas. Um comunicado de imprensa, concedido pelo Banco Central da Nigéria, em setembro de 1997 (e reeditado várias vezes desde então), informou:

1) Desde o início de 1990, o Banco Central da Nigéria (CBN – Central Bank of Nigeria) tem se preocupado em combater o flagelo do Golpe/Fraude da Taxa Antecipada perpetrado por fraudadores por meio de cartas, fax, telex etc., localmente e no exterior, através de campanhas publicitárias, seminários, declarações à imprensa e cooperação com as agências de aplicação da lei. Até agora, o CBN colocou anúncios com recomendações em mais de 80 jornais e revistas em 12 idiomas em 36 países, como esforço para prevenir todas as sociedades e indivíduos que sejam suscetíveis a cair no golpe e, assim, ajudar a erradicar a proliferação da Fraude da Taxa Antecipada, também conhecida como *419*. Além disso, o Banco responde rotineiramente a perguntas relativas a golpes de cartas, telefax etc., para informar que as *declarações* são falsas e fraudulentas e que os requerentes estão sendo enganados. Embaixadas e Altas Comissões fidedignas na Nigéria também estão equipadas com cópias correspondentes provenientes de seus países para impedir a ruína de seus cidadãos.
2) Infelizmente, o golpe continua inabalável, aumentando ainda a sofisticação, por causa da criminalidade, a avareza e a ganância das assim chamadas *vítimas do golpe*, que também são vilãs. As propostas/transações comerciais fictícias, que atingem milhões de dólares americanos, manifestam intenções fraudulentas desde o princípio, que normalmente colocariam qualquer pessoa responsável e cumpridora de leis em alerta. No entanto, impulsionadas pela tendência fraudulenta, a ganância e o desejo de fazer dinheiro rápido e fácil às custas da Nigéria, muitas das chamadas vítimas continuam a ignorar os alertas do Banco Central da Nigéria no sentido de que tais operações são falsas e fraudulentas.
3) Em resumo, a fraude/golpe de taxa antecipada se apresenta de várias formas. Um golpe típico começa com uma carta de solicitação, seguido por fax ou telex. As cartas, muitas vezes, oferecem a transferência de uma enorme quantidade de dinheiro, geralmente em dólares americanos, supostamente dando a entender que seja parte de proventos

de determinados contratos, para a conta bancária do destinatário, a ser compartilhada em determinada proporção entre o autor e o destinatário. A resposta favorável à carta é seguida por desculpas, porque o dinheiro não pode ser transferido de imediato, e, em seguida, por pedidos de participação proporcional do pagamento de vários *impostos*, para facilitar o processamento e a transferência dos fundos. A utilização de documentos falsos do Governo, do Banco Central da Nigéria, da *Nigeria National Petroleum Corporation* etc. é uma prática comum. Os vigaristas normalmente pedem que a operação seja realizada sob o manto do sigilo. Às vezes, as *vítimas* são convidadas a visitarem a Nigéria, onde seriam recepcionadas com honras e seriam assistidas pelos fraudadores, fazendo-se passar por funcionários do governo da Nigéria ou do Banco Central. Para consumar a *transação*, a *vítima* seria obrigada a pagar taxas de adiantamento por diversos motivos, por exemplo, taxas de processamento, impostos imprevistos, taxas de licença, taxas de inscrição, taxas de assinatura/honorários dos advogados, taxas do *National Economic Recovery Fund* (Fundo Econômico Nacional de Recuperação), taxas de liberação de cobertura de seguro etc. A coleta dessas taxas antecipadas é realmente o verdadeiro objetivo do golpe. Uma variante recente do golpe, principalmente dirigida a organizações de caridade e instituições religiosas no exterior, envolve a herança falsa, sob um testamento. Novamente, o único objetivo é recolher os honorários previamente descritos como uma forma de imposto sobre a herança ou outros.

4) O Banco Central da Nigéria tomou a iniciativa de uma vez mais alertar a comunidade comercial e os indivíduos devido à sua preocupação em manter o bom nome do banco e sua posição pública, como também aqueles de seus executivos seniores. Muitas vezes, o nome do banco, os membros de sua equipe de gestão de topo, incluindo os governadores (anteriores e atuais) e vice-governadores, juntamente com os funcionários do alto escalão do governo, são utilizados de forma fraudulenta e abusiva pelos fraudadores, com indiferente despreocupação, para conferir credibilidade e respeitabilidade ao golpe. Como em ocasiões anteriores, o Banco Central da Nigéria pretende, por meio deste veículo, alertar toda as pessoas sobre a existência e o *modus operandi* das cadeias internacionais criminosas, cuja nefasta atividade tem sido fonte de constrangimento para o Banco e o Governo nigerianos.

5) Em várias ocasiões, as chamadas *vítimas do golpe 419* entraram com processos legais contra o Banco Central da Nigéria e, de todos eles, o banco se defendeu com êxito. Em uma recente jurisprudência sobre o processo judicial de um golpe de taxa antecipada colocado por Larry Sorth e o Sr. e a Sra. Tei *versus* Banco Central da Nigéria et AL., os problemas de fraude com as taxas antecipadas, os impostores e os

bancos da Casa da Câmara de Compensação foram julgados pelo Exmo. Charles A. Sham, do Tribunal Distrital dos Estados Unidos da América (Distrito Leste do Missouri). O caso foi resolvido em favor do Banco Central da Nigéria. O juiz determinou que o caso dos demandantes – Srs. Sorth e Tei – não era sustentável, porque eles nem haviam se engajado em qualquer transação comercial com o réu, nem tiveram contato com os autênticos funcionários do Banco Central da Nigéria, nem com qualquer funcionário do Governo Federal da Nigéria. O juiz observou ainda que os documentos propostos pelas partes queixosas como prova eram falsos, e que estavam desde o início, cientes de que as operações eram falsas, fraudulentas e boas demais para serem verdade. Esperamos que essa decisão do Tribunal, entre muitas outras decididas em favor do Banco, sirva como advertência suficiente para todos aqueles que não acatam os avisos de nossa consultoria e que, subsequentemente, gostam de procurar assistência dos tribunais depois de se tornarem *vítimas* das transações do golpe das taxas antecipadas.

6) O Banco Central da Nigéria alerta novamente todos os destinatários de tais cartas fraudulentas que não há pagamentos de contratos presos no Banco. Além disso, todos os documentos pertencentes a esses *pagamentos*, *créditos* ou *transferências*, supostamente emitidos pelo banco, seus altos executivos, ou pelo Governo da República Federal da Nigéria são todos forjados, falsos e fraudulentos. Esses documentos não foram originados no Banco ou no Governo. Eles não são autênticos. VOCÊ ESTÁ, PORTANTO, ALERTADO E AVISADO, PARA SEU PRÓPRIO INTERESSE, A IGNORAR OS CONVITES COMERCIAIS DE “FIQUE RICO RÁPIDO”. O Banco Central da Nigéria implora para que você ajude na luta contra essas cadeias criminosas, relatando qualquer convite para as agências locais de aplicação da lei ou para o Órgão da Polícia Internacional (INTERPOL) local.

7) Para evitar dúvidas, reafirma-se aqui que o Banco Central da Nigéria não aceitará responsabilidade por nenhuma perda sustentável por qualquer pessoa ou empresa que deixe de atender nossos alertas.

8) VOCÊ FOI AVISADO VÁRIAS VEZES ANTES! VOCÊ FOI AVISADO NOVAMENTE!

O governo da Nigéria nem sempre é assim inequívoco na sua condenação de golpistas e tende a culpar a voracidade das vítimas em relação às pessoas *que fingem ser nigerianas*.

Variantes do Golpe 419

Geralmente, o golpe 419 é aplicado oferecendo-se uma sobra de dinheiro de contratos com fornecedores estrangeiros. Entretanto, há variações sobre esse tema. Por exemplo: “Sou o primeiro filho de um renomado (*sic*) ministro. Meu pai morreu, deixando US$ 25,3 milhões para serem investidos no exterior. Preciso de um homem de negócios confiável para vir à Nigéria abrir uma conta domiciliar em um banco daqui." Foi prometido ao recebedor da carta a partilha familiar de 70% para o "primeiro filho" e sua família, 20% para o recebedor e 10% para as despesas. Bastante estranho, essa carta também oferece o equivalente a 500.000 barris de Petróleo para Gasolina Automobilística para compra única a um preço abaixo do preço de mercado (*spotlifting*). Acredito que seja parte do golpe e que em alguma etapa seria possível (teoricamente) colocar as mãos nos lucros desse petróleo apenas fazendo um pequeno pagamento inicial.

Outras variantes incluem:

- Cartas de pessoas que descobriram $ 25 milhões no "armário do meu pai" e que precisam de ajuda para tirar essa quantia do país devido às "Sanções da Comunidade Britânica e Europeia".
- Alguém que afirma ser a(o) viúva(o) do ex-chefe de estado que foi "apanhada(o) no aeroporto com 28 caixas cheias de moedas valendo milhões de dólares".
- O gerente do banco que havia descoberto uma conta em nome de um estrangeiro morto e que precisa de outro estrangeiro para tirar o dinheiro.

Há também a oportunidade de agir como *fachada* para O Ministério de Obras e Habitação em seus esforços para conseguir uma propriedade no Reino Unido.

Possivelmente, a minha carta favorita entre todas as relativas ao golpe 419 vem do "Palácio de Sua Alteza Real, o Rei Anthony Ibe", que está aparentemente preocupado que estrangeiros possam conseguir um nível mais alto de remuneração do que ele por sua terra quando for nacionalizada. Ele quer que o recebedor de sua carta forje ser o legítimo dono de 4.000 hectares de sua terra a fim de alcançar um preço melhor. Isso obviamente exige um encontro na Nigéria.

Outro encontro na Nigéria pode ser marcado se você responder ao "filho do general", cujo pai colocou US$ 40 milhões de soldos do exército em um cofre pouco antes de ser morto: "Você precisa vir para Lagos... para um encontro comigo para assegurar boa fé e confiança e também para permitir que façamos a transferência do dinheiro para o seu país. Fiz acertos concretos em nosso aeroporto para garantir o sucesso de nossa missão." Não tenho dúvida de que foram feitos acertos especiais no aeroporto. Se a transação desse errado, o envolvimento deles também seria concreto.

Quem Cai em Um Golpe Destes?

Você deve pensar que bem poucas pessoas seriam tolas o bastante para cair no golpe 419, especialmente em vista da ampla publicidade que ele recebe toda vez que uma nova onda de cartas é emitida. Entretanto, estimativas do Serviço Nacional de Inteligência Criminal da Grã-Bretanha sugere que 1 a 2% dos recebedores das cartas caem no golpe a cada vez e, como resultado, perdem uma média de £ 30.000,00 a 50.000,00.

A Unidade Nacional de Inteligência Criminal estima que os crimes organizados por trás desse golpe faturam £ 3,5 bilhões por ano das empresas britânicas. Dados esses números e a *taxa de conversão* de 1%, não é de se surpreender que uma enorme quantidade dessas cartas seja enviada. A novidade mais recente que vi (de fato, fui alvo dela) é uma versão em fax do golpe 419. Essa é uma versão nova não esperada porque o fraudador geralmente mantém os custos baixos por meio da utilização de selos falsificados nas cartas. Duvido, porém, que a conta do fax será paga um dia.

E-Golpes/Golpes Eletrônicos da Nigéria

Não surpreendemente, também foram relatadas as primeiras versões enviadas por e-mail das cartas do golpe 419. Uma que eu vi era supostamente de um advogado trabalhando para um príncipe (você não poderia deixar de ficar impressionado, não é?) no Zaire (supostamente) que tinha US$ 139 milhões, para os quais ele precisaria de ajuda. Outra variante recente era um e-mail para um homem de negócios nos Emirados Árabes Unidos, oferecendo US$ 30 milhões encontrados em um apartamento particular de um presidente falecido no Congo.

Uma versão mais original vem de um *consultor* para uma Comissão do Conselho de Licitações cujo "direito exclusivo é recomendar o prêmio de contratos para contratantes estrangeiros elegíveis dentro das categorias A-C". A mensagem continua a oferecer o prospecto de um contrato no valor de US$ 9 milhões para o fornecimento de PCs. Há também um parágrafo interessante: "Note que o valor deste contrato deve ter sido aumentado por motivos que explicarei a você mais tarde." Essa é uma nova maneira de fisgar uma vítima, mas, sem dúvida, as conhecidas taxas antecipadas serão exigidas.

O Golpe do Dinheiro Preto

Qualquer um que duvide que as pessoas sejam tolas o suficiente para se tornarem vítimas do golpe 419 não acreditaria em uma das variantes anteriores vindas do Oeste Africano.

Nesse exemplo, a carta dava a entender que vinha do encarregado da alfândega. Supostamente, seus funcionários foram obrigados a se desfazer de £ 3 milhões em *cédulas verdadeiras de dólares* que foram alteradas por ex-políticos. Para ganhar sua parcela de dinheiro, é exigido que a vítima ajude a *reconverter quimicamente* as notas antes que sejam levadas para fora do país.

Parte do golpe levaria a vítima a visitar o Oeste Africano para presenciar os pedaços de papel em branco de amostra sendo *quimicamente convertidos* em *cédulas verdadeiras de dólares*. O objetivo, porém, é a conhecida fraude da *taxa antecipada* e/ou sequestro e extorsão, dependendo da evolução do golpe.

Esse golpe é, às vezes, referido como *golpe do dinheiro preto*, de acordo com a cor das *cédulas de dólares* antes de terem sido lavadas com produtos químicos. Eu vi exemplos desse *dinheiro preto*. Para mim, eles pareciam exatamente as cédulas sem valor que eram; porém, deve haver pessoas lá fora que são convencidas, se não os golpistas não continuariam a repetir a técnica.

Provavelmente, esse conceito de golpe é tão ridículo que a taxa de êxito é muito menor que os 1 a 2% normais atribuídos para o golpe 419. Porém, ele deve funcionar de tempos em tempos porque uma variante voltou à tona em 1999. Dessa vez, as notas alteradas estavam declaradamente nas mãos do Congresso Nacional Africano da África do Sul, que simplesmente precisava de £ 30.000 do dinheiro da vítima para pagar os produtos químicos para restaurar as notas. É prometido a qualquer um que enviar os £ 30.000 receber 40% do lucro.

O *golpe do dinheiro preto* também ocorre dentro (e muito provavelmente originado) do convencional golpe 419. Na metade do caminho do processo da obtenção de *sua parcela* de dinheiro, seria mostrada à vítima uma pilha de dinheiro preto como prova da autenticidade do negócio. Com um truque usando as mãos, um dos pedaços de amostra de dinheiro preto é convertido em uma nota de $ 100 usando o *produto químico especial*. O próximo estágio seria mais um pedido de dinheiro (dinheiro verdadeiro dessa vez) para pagar pclos produtos químicos usados na reconversão do dinheiro preto em notas (bancárias). A vítima, então, sai com sua valise cheia de papel preto, um vidro de produtos químicos inúteis e um débito enorme.

O golpe do dinheiro preto dá um novo sentido total ao conceito de lavagem de dinheiro.

Às vezes, Os Bons Rapazes Ganham

A taxa de conversão para os golpistas é muito mais alta que sua taxa de detecção. A polícia, contudo, consegue algum êxito na captura desses fraudadores. Foi o que aconteceu quando a polícia, agindo com base na inteligência, interceptou documentos falsificados usados em um golpe 419. Eles invadiram o endereço para o qual o pacote estava destinado e encontraram evidências relacionadas à vítima e um pouco de dinheiro (verdadeiro), que os fraudadores tentaram jogar fora pela janela (eu teria visto aquilo como atitude suspeita). O dinheiro (£ 10.500) foi devolvido à vítima na Austrália. O trapaceiro pagou a fiança, mas foi apanhado três anos mais tarde, executando o mesmo golpe com uma vítima de Portugal. Dessa vez, ele foi sentenciado a quatro anos de prisão que, conforme o oficial da polícia envolvido, "é uma sentença pesada por fraude".

Como se Tornar um Alvo do Golpe da Nigéria?

O método principal usado pelos fraudadores para escolher as vítimas é simplesmente pesquisar listas telefônicas. Provas disso vêm das agências de correios, que repentinamente são inundadas com cartas da Nigéria (algumas correspondências também vêm de outros países, como África do Sul e Tanzânia) endereçadas a firmas cujos nomes começam com a mesma letra do alfabeto. Declaradamente, torcedores do Time Olímpico da Nigéria em Atlanta levaram as listas telefônicas dos quartos dos hotéis e, depois de três meses, a cidade estava inundada por cartas do golpe 419. Essa abordagem para a seleção de vítimas pode ter resultados de certa forma cômicos. Foi dito que tanto o *Serious Fraud Office* (Repartição de Fraudes Graves) como a *Metropolitan Police* (Polícia Metropolitana) estavam entre os destinatários de variantes dessas cartas.

Listas comerciais também são fontes úteis de contatos para os aplicadores da fraude 419. Essas listas são, às vezes, declaradamente colhidas por estudantes e outras pessoas que trabalham à noite como funcionários da limpeza nos escritórios. Outras fontes de informações para essas pessoas são faturas, timbres de cartas e outros deixados inadvertidamente no escritório.

A escolha aleatória de nomes de uma lista pode não ser o único método que eles usam, como provado por um recente exemplo de uma carta do golpe 419 enviada por e-mail (dessa vez, o dinheiro foi deixado pela *Força pela Manutenção da Paz do Oeste Africano*). A empresa-alvo estava operando havia apenas um mês!

Alvos preferidos para o golpe da Nigéria são proprietários de pequenas empresas e profissionais liberais, como advogados, médicos e contadores. Não é somente pela possibilidade de eles terem acesso a fundos significativos, mas também porque acreditam que o nível de sua perspicácia empresarial os leva a acreditar que não podem ser enganados. Pessoas como essas estão sempre relutantes em admitir que se tornaram vítimas, mesmo quando todas as provas são cristalinas.

Um Alerta Final

As pessoas que aplicam o golpe da Nigéria são de um grupo diferente daquelas que executam os outros golpes descritos neste livro. São criminosos inescrupulosos com a mentalidade de usar o produto do golpe 419 para financiar outras operações, tais como contrabando internacional de drogas. São altamente profissionais e muito perigosos. Uma frase de uma de suas cartas diz: "estamos no controle, sabemos (*sic*) o que fazer e como fazê-lo" – nessa situação, você deve acreditar neles.

Como Evitar o Golpe da Nigéria

- Uma visão sucinta de como fazer negócios com a Nigéria é apresentada em *cinco regras* de um grupo dos EUA que se autodenomina *aliança 419*:
  1) *Nunca* pague nada antecipado por motivo nenhum.
  2) *Nunca* estenda crédito por motivo nenhum.
  3) *Nunca* faça nada até que os cheques deles sejam compensados.
  4) *Nunca* espere nenhuma ajuda do governo da Nigéria.
  5) *Nunca* confie no governo do seu próprio país para socorrê-lo.
- A maneira mais óbvia de se evitar o golpe da Nigéria é ignorar qualquer carta que apresente semelhança com aquelas descritas acima. Nunca responda por e-mail, fax ou telefone; definitivamente, não lhes dê nenhum dinheiro. Para reduzir o risco de você ou seus contatos se tornarem alvos, garanta a segurança de todos os seus documentos comerciais.
- Não se impressione com documentos com aparência de documentos oficiais de países estrangeiros.

Se você quiser fazer mais para ajudar a acabar com o incômodo das cartas do golpe nigeriano, provavelmente você estará perdendo seu tempo, mas as Câmaras de Comércio locais, por vezes, apreciam receber cópias daquelas cartas, de modo que possam alertar os seus membros das variantes mais recentes e também periodicamente lembrar o Alto Comissariado da Nigéria de que essas coisas estão acontecendo. Você também pode enviar todas as cartas de golpe da Nigéria que receber para a polícia, que irá reuni-las e enviá-las para o Serviço de Inteligência Criminal da Nigéria (o que mais eles poderiam fazer?). Há, provavelmente, um escritório da Interpol que também trata desse assunto.

Outras Correspondências da Nigéria

Além da fraude 419, a Nigéria é também a fonte de alguns dos golpes mais criativos de caridade. Eles estão descritos no Capítulo 7.

CAPÍTULO

Seis

Consultores Fictícios

Sou consultor de gestão há mais de 15 anos. A função tem muitas vantagens, que incluem a oportunidade de trabalhar com as funções de Compras de uma ampla variedade de organizações.

Há, porém, alguns aspectos negativos. Um deles é que qualquer gestor sem trabalho pode ser chamado de *consultor* e é difícil para o mundo em geral estabelecer a diferença entre um consultor de carreira e um amador entusiasta. Alguns políticos duvidosos também adotam o título de *consultor* quando o que eles estão vendendo é mais acesso e influência do que habilidade e objetividade.

Tentativas feitas por organizações profissionais, como o IMC – *Institute of Management Consultancy* (Instituto de Consultoria de Gestão) e a MCA – *Management Consultants Association* (Associação de Consultores de Gestão), para identificar os profissionais por sua associação à organização profissional são muito malsucedidas porque o homem desempregado (ou mesmo o Diretor Geral de uma pequena empresa) é muito ocupado com outras coisas para saber que essas organizações profissionais existem.

O amador entusiasta pode danificar potencialmente a imagem da profissão devido à sua falta de treinamento, experiência, suporte, capacidade financeira e adesão ao código de ética profissional.

Muito pior que o amador entusiasta, é óbvio, é o golpista que usa o título profissional *consultor* na tentativa de obter a confiança dos gerentes de empresas e explorar a ignorância deles. Esses golpistas realizam-se ao modificar o ambiente da empresa (como fazem os verdadeiros consultores), mas em vez de fornecer soluções reais para os problemas da empresa, eles fornecem apenas informações inúteis – sempre após garantir pagamento antecipado.

Consultores da Norma BS 5750

Há alguns anos, as grandes empresas, especialmente na indústria manufatureira, adotaram uma nova abordagem em relação ao gerenciamento da qualidade. Essa nova abordagem envolvia o fim da tradicional mentalidade de *inspeção*, no sentido de garantir a qualidade do produto, e sua substituição por um requisito em que os sistemas adotados pela organização e seus fornecedores deviam ser tais que garantissem a qualidade consistente do produto (ou serviço). Para garantir que os sistemas ficassem adequados, as organizações sempre trabalhavam de acordo com a estrutura estabelecida pela BS 5750 (norma britânica hoje substituída pela norma internacional ISO 9000).

Algumas organizações, especialmente as menores, não entenderam a BS 5750 muito bem. Contudo, entenderam bem que seus clientes exigiam cada vez mais o seu cumprimento. Nessas circunstâncias, um *consultor* que prometia fornecer o certificado, declarando que a empresa atendia às necessidades da BS 5750 por apenas algumas centenas de libras, era uma dádiva do céu.

Entretanto, a BS 5750 descreve um sistema de gerenciamento, não simplesmente um certificado. O sistema deve ser adequadamente documentado, com manutenção de registros. Para funcionar, tem que ser adaptado a cada empresa em particular. E para ser reconhecido pelo mundo exterior, tem que ser certificado por um órgão independente, com o credenciamento necessário.

O enxame de *consultores golpistas* que surgiu no auge da popularidade da BS 5750 não se deu ao trabalho de explicar o fato. Encontraram empresas crédulas e ingênuas e garantiram que elas receberiam um certificado BS 5750. Dessa forma, tais consultores constituíam um órgão de certificação independente (mas não oficialmente credenciado).

Avaliadores independentes terceirizados que são autorizados a certificar que o sistema de qualidade de uma companhia atende os requisitos da ISO 9000 (a sucessora da BS 5750), no Reino Unido, são reconhecidos pelo *United Kingdom Accreditation Service* (Serviço de Credenciamento do Reino Unido). Se a organização que lhe oferece um *registro* ISO 9000 não é credenciada, cuidado! – é muito provável que seus clientes verifiquem qual é o seu órgão certificador e se ele não pertencer ao *clube* de credenciados, seu certificado será visto como inútil.

Consultores de Certificação

O golpe de consultoria de certificação funciona com a promessa a pequenas empresas de que o consultor preparará e apresentará o caso delas aos órgãos europeus de certificação de garantia. Quantos de nós entendemos as funções das várias juntas da Comissão Europeia, ou as regras das autoridades locais, das zonas empresariais e dos órgãos de desenvolvimento para certificação?

A maioria das pequenas empresas não tem ideia de quais são os procedimentos para obtenção de tais garantias, mas têm uma vaga noção de que milhões de libras devem estar disponíveis para serem rapidamente gastos.

Quando um *consultor* aparece e se oferece, por uma taxa de cerca de £ 300, para ajudar uma empresa a obter a certificação, muitas são facilmente seduzidas. Quando a oferta vem com a promessa de que, se não for obtida certificação, a restituição da taxa será paga integralmente, a chance de a vítima não resistir aumenta. Essas promessas, a propósito, são sempre verbais, nunca por escrito no contrato.

Após o pagamento da taxa, é provável que a vítima do golpe possa tanto receber uma lista de agências que concedem as certificações (as vítimas são convidadas a fazer elas mesmas a solicitação), quanto não receber nada. Na realidade, há muito pouco a escolher entre as alternativas de obter uma lista ou não, porque as chances de a lista servir para alguma coisa para a vítima são remotas. As agências da lista têm critérios muito específicos sobre o tipo de indústria (geralmente manufatureiras), efeitos de certificação (geralmente criação de empregos) e outros. Frequentemente, a lista de agências inclui órgãos que não concedem certificações para companhias individuais, mas certificações coordenadas e no exterior, concedidas através de outras rotas, tais como organizações governamentais.

As vítimas do golpe são normalmente pequenas empresas (cabeleireiros, oficinas mecânicas, floriculturas, estúdios fotográficos, correios, empreiteiras etc.). As certificações oferecidas por órgãos como o *European Social Fund* (Fundo Social Europeu), *European Regional Development Funds* (Fundos de Desenvolvimento Regional Europeu) e *Support Program for Employment Creation* (Programa de Apoio à Criação de Empregos), que são normalmente listados pelo consultor golpista de certificação, não têm importância para esse tipo de empresa.

Os consultores golpistas de certificações, como outros golpistas, são geralmente muito cuidadosos ao tentar manter sua própria posição no lado *legal* da linha divisória golpe/fraude. Curiosamente, porém, houve um caso de processo judicial recente trazido pela *Trading Standards Section* (Seção de Normas Comerciais) referente a uma autoridade local que resultou na condenação de um dos golpistas a uma sentença de 18 meses de prisão. Sua *consultoria* aplicou uma versão clássica do golpe de certificação e durante um período de seis meses obteve, pelo menos, £ 200.000,00 de cerca de 650 empresas.

Como eu disse, essas pessoas geralmente tentam trabalhar no lado legal da linha divisória golpe/fraude e esse golpista em particular deve ter tido alguma esperança de que sua *não confissão de culpa* funcionaria. Como normalmente acontece, os *cérebros* da organização e um de seus vendedores foram julgados por conspiração e fraude. O vendedor foi julgado inocente, mas seu chefe foi condenado. Isso levanta uma questão em minha mente que acho intrigante: se o vendedor não era culpado, com quem exatamente ele estava *quebrando a cabeça* para armar a conspiração?

Golpes de Indexação de Taxas

Somente poucas pessoas entendem como as certificações da Comissão Europeia são fixadas, portanto, há um grupo muito pequeno de pessoas que entendem como as autoridades locais calculam o nível de taxas comerciais que as companhias devem pagar. Elas são, na realidade, calculadas com base na renda anual em que uma propriedade poderia ter sido alugada se estivesse disponível no mercado em 1 de abril de 1993, mas reavaliações são realizadas em todas as propriedades não domésticas na Inglaterra e no País de Gales a cada cinco anos.

Esse tipo de zona de ignorância é o *playground* ideal para os golpistas. Assim, nos últimos anos, houve uma expansão significativa do número de organizações que oferecem serviços para obter reduções nas taxas de juros em nome dos comerciantes. Como a reavaliação ocorre a cada cinco anos, esses serviços de consultoria tendem a emergir em picos cíclicos, embora eles possam ocorrer repentinamente a qualquer momento. As alterações propostas para o sistema sob o qual as empresas terão uma *janela* de apenas seis meses para apelar, em vez de protocolo aberto como agora, aumentarão a probabilidade de esses golpistas bombardearem os negócios durante um curto período.

O golpe geralmente começa com o telefonema de um vendedor, obviamente trabalhando com um roteiro, que afirma que sua organização tem obtido êxito na obtenção de redução de taxas em vários negócios semelhantes ao da vítima. As reduções de altos percentuais podem ser citadas a título de exemplo, mas, na prática, erros substanciais nas avaliações das taxas são raros.

Normalmente, para uma taxa antecipada não reembolsável de cerca £ 300 (onde já ouvimos isso antes?), é oferecida assistência aos comerciantes na colocação de um recurso junto à autoridade de tributação local. Um *inspetor* visita as instalações do comerciante e, após avaliar, promete que um recurso será apresentado. O verdadeiro papel do *inspetor* é conseguir a assinatura do contrato, parte do qual conterá algo como o seguinte parágrafo:

> Eu o autorizo a agir em meu nome na questão do recurso contra o valor tributável das instalações acima para o período de abril de 1995 a abril de 2000. Enten-

> do que nenhuma taxa seja paga por esse serviço, exceto no caso de se apresentar um recurso que, posteriormente, seja reconhecido pela Repartição de Avaliação, após o que concordo em pagar uma taxa administrativa de £ 250 + VAT. Entendo também que nenhum outro pagamento será devido, salvo no caso de um abatimento do valor tributável das instalações acima, após o que concordo em pagar um único pagamento final de 25% sobre esse abatimento + VAT.

Nesse ponto, uma das duas coisas vai acontecer. O golpista verdadeiro apresentará um recurso por meio de um formulário padrão e, assim, cumprirá a dele parte no contrato que o comerciante assinou. Assim, enquanto o recurso é muito inútil e altamente improvável de ser bem-sucedido (há uma grande diferença entre ter o recurso aceito e tê-lo concluído com êxito), o golpista pode muito bem estar, juridicamente falando, *em seu direito* e sua taxa ser devida. Pode levar meses, ou mesmo anos, para que a Repartição de Avaliação transfira o recurso para um tribunal de avaliação; mas o golpista terá exigido seu dinheiro bem antes disso.

O comerciante pode revogar as *garantias* de reduções das taxas, mas isso será invariavelmente verbal e não faz parte do contrato escrito. Com todo o processo de apelação, a vitória nunca é certa.

Alternativamente, os *consultores* podem nem sequer se preocupar em fazer uma apelação se puderem persuadir o comerciante a partilhar do próprio dinheiro antes de ver a notificação de recebimento da Repartição de Avaliação, mas na hora em que a vítima tentar reclamar, eles terão, com toda a certeza, finalizado as suas atividades e não poderão ser rastreados. As pessoas que executam essas *consultorias* de indexação de taxas são sempre altamente capazes e convincentes. Elas são tão boas no que fazem, que é comum os vendedores que trabalham em nome delas acreditarem que sejam parte de um negócio legítimo. Também é comum que esses vendedores fiquem com um cheque devolvido, quando seu empregador acaba rapidamente com o negócio.

Em muitos casos, seria melhor para você ser enganado por alguém que desaparecesse antes de colocar o recurso do que ser enganado por um dos golpistas que, na verdade, entram com o recurso em seu nome. Em um relatório recente de um grande escritório de normas comerciais, foi afirmado que, apesar dos vários recursos apresentados por essas pessoas, nem um único comerciante teve suas taxas reduzidas. No entanto, vários tiveram suas taxas aumentadas como resultado das informações fornecidas às autoridades de indexação de taxas.

A alternativa óbvia para usar um consultor de indexação fictício é a empresa apresentar o seu próprio recurso, que é gratuito e envolve simplesmente completar um formulário obtido na Repartição de Avaliação local. Cerca de 45% das tributações de propriedades são objeto de recurso. Se o recurso for bem-sucedido, mas você acha que tem um caso válido, pode levá-lo a um tribunal, mas nesse momento, por vezes, é aconselhável recorrer à ajuda especializada. Essa ajuda, porém, deve vir de um profissional legítimo (como alguém recomendado pelo Instituto Real de Inspetores Peritos-Contadores), e não de um assim chamado *vendedor frio*. É mais provável que os recursos de indexação de taxas tenham êxito se o valor de mercado da propriedade for reduzido por reurbanização nas proximidades ou por alterações na estrutura do edifício.

Consultores de Energia

A desregulamentação do mercado de energia foi uma boa notícia para os consumidores, tanto empresariais como domésticos, uma vez que a introdução da concorrência levou a uma queda geral nos preços. A compra de energia é, no entanto, potencialmente complicada, com diferentes tarifas alternativas disponíveis e várias taxas desmembradas aplicáveis, dependendo de fatores como a interrupção de fornecimento, o nível das demandas de pico e a sazonalidade do uso. Essa complexidade cria um grupo de clientes confusos que são um mercado ideal para os golpistas.

Algumas das grandes empresas não eram mais do que um golpe. Por exemplo, foram oferecidas a alguns clientes tarifas para um *contrato de 18 meses*. O custo por unidade desses contratos parecia muito atrativo quando comparado aos custos de energia que as empresas haviam exposto anteriormente, mas muitos clientes não conseguiram perceber a sincronia desses contratos de 18 meses.

Começando na primavera, o contrato de 18 meses continha dois períodos de primavera/verão, mas apenas um outono/inverno. Os custos de energia são mais baixos na primavera e no verão porque a demanda é menor. Assim, o preço médio oferecido no contrato de 18 meses não era tão generoso como parecia à primeira vista e um aumento significativo nos custos era inevitável, quando da devida renovação do contrato. Um golpista mais comum, contudo, é o indivíduo ou a empresa que opera como *consultor de energia*. Nesse momento, eu provavelmente deveria deixar claro que há uma série de consultores respeitáveis, legítimos e experientes nesse campo, e a utilização dos serviços deles pode ser muito sensata para serviços de utilidade pública, por exemplo, que são de alto custo, e para mercadorias de uma área especializada. Os consultores respeitáveis, legítimos, tendem a cobrar com base em honorários, enquanto as mais questionáveis práticas tendem a vir de *consultores* que oferecem compartilhar as *economias*.

Para um diretor financeiro sobrecarregado, alguém com promessas de contas mais baixas e sem outros encargos, além de uma parte das economias, deve parecer bom demais para ser verdade. Bem, poderia ser. O cálculo de economia em compras sempre foi repleto de dificuldades. Por exemplo, se o preço que você paga por algo sobe até 5% durante um ano, mas a taxa de inflação vigente é de 10%, você já fez economia? Que tal se você comprar um valor em ações para um ano de uma só vez para garantir um desconto de 5% – é ainda uma economia quando os custos de ações, financiamento, seguro e outros são levados em consideração? As alegações de economia dessas pessoas são muito mais simples – as contas do próximo ano serão inferiores às deste ano e receberão a metade da diferença. Elas alegam conseguir fazer economia, trocando tarifas ou fornecedores e que podem muito bem conseguir benefícios. Mas e se elas não fizerem nada e as suas contas diminuírem apenas porque o custo do serviço público caiu ou porque você desocupou um prédio? Nessas circunstâncias, seus *consultores de energia* diriam que isto seria devido à metade da economia (como mencionado) e, se você estudar o contrato, pode descobrir que elas não apenas esperam aquele valor para este ano, mas também para cada um dos próximos cinco anos.

Uma das características do contrato de partilha de economia elaborado por esses *consultores* é provável que seja o período de cancelamento prolongado. Portanto, a menos que você faça uma revisão do contrato com eles exatamente no momento certo, é provável que fique preso a eles por mais um ano. Outra característica que eles podem não revelar é a possibilidade de um acordo de *comissão* com um ou mais fornecedores. Sob tais circunstâncias, o fornecedor escolhido pode ser aquele que oferece maior nível de comissão para o consultor, em vez daquele que fornece o melhor valor monetário para o cliente.

Além dos Golpes

Vale a pena observar que, além dos golpes, a consultoria, às vezes, é fonte de fraudes reais. A razão para isto é a combinação de serviços de consultoria, sendo um produto relativamente caro (pela cobrança de apenas algumas centenas de libras, os golpistas descritos se entregam imediatamente como não sendo verdadeiros consultores) e difícil de comprovar. Em outras palavras, a pessoa que encomenda o projeto de consultoria é sempre a mesma que monitora o desempenho dos consultores e verifica se a fatura deve ser paga.

Essa é nitidamente uma falha no princípio da segregação de funções de Compras, mas isso acontece até mesmo em organizações maiores e mais respeitáveis. Por exemplo, houve um incidente recente em um grande banco no qual o diretor de marketing supostamente encomendou projetos de investigação aos consultores. As faturas chegaram, foram aprovadas pelo diretor de marketing e pagas. Infelizmente, porém, ninguém tinha feito nenhuma investigação e as faturas vieram de empresas fictícias criadas pelos amigos e parentes do diretor de marketing. Esse exemplo está exatamente do lado *fraude* da linha divisória golpe/fraude e o diretor de marketing foi preso.

Isso serve como um lembrete útil, porém, da necessidade de segregação de funções e também sugere que, quando grandes somas de dinheiro estão envolvidas, informações dos profissionais de Compras, particularmente nas fases de especificação e de seleção de fornecedor, podem ser de grande proveito.

Como Evitar Golpes de Consultoria

- Pergunte aos consultores de qual corpo de profissionais eles são membros e verifique a informação.
- Peça referências dos clientes satisfeitos.
- Se eles estão oferecendo consultoria para o sistema de qualidade (ISO 9000), pergunte se são um órgão certificado.
- Se você acha que as taxas da sua empresa são muito elevadas, fale com a seção de taxas da prefeitura da sua cidade. Você tem direito a inspecionar a lista de classificação de propriedades em sua área para verificar a diferença em relação aos vizinhos. Se você decidir entrar com um recurso e precisar de ajuda, procure um consultor de indexação de taxas respeitável e independente (não um vendedor porta a porta ou aqueles, assim chamados, *pessoal de televendas*). Os membros da RICS – *Royal Institution of Chartered Surveyors* (Instituição Real de Peritos Inspetores), da ISVA – *Incorporated Society of Valuers and Auctioneers* (Sociedade Incorporada de Avaliadores e Leiloeiros) e do IRRV – *Institute of Revenues, Rating and Valuation* (Instituto de Receitas, Indexação e Avaliação) são regulados por normas de conduta profissional.
- Se precisar de informações sobre a elegibilidade para concessões, peça ajuda à Câmara de Comércio local.

CAPÍTULO Sete

Golpes no Setor de Caridade

Os golpes descritos até aqui podem parecer, em alguns casos, um pouco divertidos; mesmo sendo uma pessoa com aversão a golpes, admito que muitos deles têm um aspecto cômico. Os golpes abordados neste capítulo não são nada engraçados. Embora em alguns casos possam ser aplicados de modo semelhante aos golpes descritos anteriormente, eles agregam a característica de envolvimento com a caridade e, como tal, tanto tomam dinheiro diretamente de causas nobres, como sugam para os golpistas o dinheiro que poderia ser encaminhado para instituições de caridade.

Um dos aspectos comuns da maioria dos golpes descritos neste livro é que o golpista utiliza a ganância da vítima. No caso de golpes a instituições de caridade, a confiança e a generosidade da vítima é que são exploradas. Alguns dos golpes descritos aqui visam instituições de caridade; a maioria deles utiliza as causas supostamente dirigidas a instituições de caridade para extorquir dinheiro de empresas comerciais. Seria ingênuo achar que as pessoas não pensariam em aplicar golpes em uma instituição de caridade. A própria natureza do ambiente operacional das instituições de caridade e o baixo nível de controle exercido por muitas empresas sobre a maneira como o dinheiro é doado a causas beneficentes dão margem para os golpistas explorarem a situação. A seguir, estão descritas algumas das maneiras como eles agem.

Fraude da Taxa Adiantada

Um dos golpes dirigidos especificamente a instituições de caridade é uma variante da fraude da taxa adiantada que vimos como *fraude 419* no Capítulo 5.

O mecanismo do golpe é o seguinte: a instituição de caridade recebe uma carta, geralmente de um país estrangeiro, declarando que alguém deixou uma grande soma de dinheiro em testamento para aquela instituição. Antes que o dinheiro possa ser passado para as mãos da instituição, várias taxas locais, comissões e encargos têm que ser pagos. Se a instituição pagar por aqueles serviços, a herança estará a caminho em breve – ou de acordo com algum outro tipo de explicação. Obviamente, a instituição paga, e nunca mais ouve falar sobre a herança, embora possa muito bem receber outras solicitações para mais pagamentos (*recarregamento*, como é conhecida essa ação no meio dos golpes) até a hora em que perceba que a herança é uma ilusão. Um exemplo desse estilo de golpe foi dado por uma instituição de caridade britânica que recebeu uma carta de uma *firma de advocacia nigeriana*, dizendo que um de seus clientes tinha uma herança de £ 150.000,00. Eles até enviaram um cheque anexo, mas explicaram que aquele cheque só poderia ser descontado após a firma de advocacia receber £ 6.000,00 de *impostos sobre o inventário*. A instituição de caridade teve o bom senso de contatar seu próprio banco antes de enviar qualquer quantia de dinheiro. O banco informou-lhes que o código do cheque não era válido.

Pequenas instituições de caridade são os alvos mais prováveis desse golpe, porque as instituições maiores são mais comercialmente conscientizadas e provavelmente já passaram por experiências com esse tipo de prática anteriormente.

Solicitação de Doações

Com toda a certeza, este não é na verdade um golpe de Compras porque nada é prometido em troca pelo seu dinheiro. Obviamente, as verdadeiras instituições de caridade solicitam doações às empresas e, se a empresa decidir doar e todas as partes interessadas estiverem de acordo com o tipo de trabalho de caridade e apoiarem o redirecionamento dos fundos, não há problemas.

Porém, algumas solicitações de fundos são provenientes de instituições de caridade muito suspeitas. Mesmo em relação à proporção dessas solicitações que provêm de organizações que eu assumiria imediatamente estarem aplicando um golpe, vi correspondências de pequenas empresas completamente confusas, não sabendo se deviam doar ou não. Algumas das mais óbvias solicitações fictícias são provenientes da Nigéria.

Essas solicitações contam uma história triste, geralmente envolvendo guerra, chacina de rebeldes desarmados e pobres crianças desnutridas. Isso tudo existe mesmo, mas é muito improvável que você ajude a reduzir qualquer problema enviando dinheiro aos remetentes de qualquer uma das cartas que já vi.

Essas cartas jogam pesado com a benevolência cristã de seus alvos. Frases como "um verdadeiro filho de Deus", "estamos lhe dando o sinal (*sic*) para nos ajudar, por Deus e pelas viúvas", "temos que fazer isto por Deus e pela humanidade", "Deus nunca permitirá que você morra sem abundantes bênçãos", "abençoado é aquele que ajuda os pobres porque ele deve receber as bênçãos", "Deus todo-poderoso o abençoe e o recompense abundantemente pela ajuda que nos deu" aparecem distribuídas deliberadamente por toda a carta.

Curiosamente, ao mesmo tempo em que a maioria das cartas desse tipo vêm da Nigéria, eles querem que você faça o depósito de sua doação em contas bancárias de Nova York, Japão ou "qualquer pequena quantia por meio de transferência eletrônica de dinheiro pela Western Union".

As solicitações sempre chegam em papel timbrado em nome da *instituição de caridade*. Os rodapés dos papéis timbrados podem perfeitamente listar os depositários, geralmente algo com Rev. Sr. ..., Rev. Padre ..., Sra. Dra. ..., Rev. Sra. ....

A Nigéria obviamente não é a única fonte de solicitações suspeitas para ajuda em obras de caridade. Um dos recursos que podem vir de qualquer parte é o pedido de dinheiro para comprar bilhetes de circo. Esses bilhetes serão dados para crianças carentes e o dinheiro da venda dos bilhetes será doado para instituições de caridade. Seria magnífico, se fosse verdadeiro. Você já comprou um desses bilhetes e depois observou as crianças carentes virem em massa para a tenda do circo? Ou verificou junto à instituição de caridade para ver quanto dinheiro receberam?

Se você quiser dar dinheiro para instituições de caridade, por que simplesmente não preenche um cheque nominal diretamente a elas e exclui qualquer possível atravessador?

Publicidade Falsa

Quando perguntam à telefonista de uma empresa "quem é responsável por doações de caridade", o próximo passo pode não ser necessariamente uma solicitação direta de dinheiro da pessoa indicada. Em vez disso, aquele indivíduo pode ser abordado com uma conversa de vendedor por telefone quanto a espaço de publicidade ou ainda seu nome pode simplesmente ser citado em uma fatura pró-forma para uma propaganda. (Volte ao Capítulo 4, caso tenha esquecido o que é uma fatura pró-forma, porque ela é usada em vários golpes na tentativa de manter o golpista exatamente no lado da lei). As instituições de caridade sempre figuram em conversas por telefone de falsos vendedores de publicidade. Dezenas de gráficas operam nessa área de atividade e estima-se que aplicam o conto do vigário em empresas do Reino Unido em mais de £ 30 milhões por ano. Seu estilo é sempre fazer a transação parecer rotina – "vocês gostariam de renovar a propaganda do ano passado?" – em algum tipo de revista, anuário ou calendário. O aspecto de caridade é apresentado para manipular as emoções da vítima ou criar situações embaraçosas. E, para produzir um bom resultado, crianças doentes formam uma imagem fácil de imaginar. Outros recursos muitos utilizados são os dos serviços de emergência (incluindo os fundos de contribuição para a polícia) e hospitais. Se você expressar preocupação com valores, há chances de redução – esses vendedores são muito flexíveis. Que porcentagem do dinheiro que você paga fica realmente para a instituição de caridade e quanto é retido pelo vendedor ou pela gráfica? Por que não perguntar? Ou, melhor ainda, peça alguma prova. Se você perguntar, não se surpreenda se não obtiver uma resposta direta – eles sabem que você não quer ouvir que a maioria do dinheiro vai para a captação de recursos, e não para caridade.

Recebemos uma correspondência de uma gráfica, relativa a certa instituição de caridade, chamada *Summer Fun Book* (não, também não sei o que é *Summer Fun Book*). O documento-chave era intitulado *fatura*, mas abaixo estava escrito: "Favor observar que essa é uma fatura de 14 dias" (eles obviamente queriam o dinheiro o mais rapidamente possível, antes que alguém tivesse tempo para pensar e mudar de ideia). Depois de verificar a situação, descobri que um colega tinha feito um acordo pelo telefone para colocar um anúncio naquela publicação. O documento não era, portanto, uma fatura pró-forma, como indicado, mas, juridicamente falando, uma fatura real, que exigia pagamento decorrente de uma ordem verbal. Algumas pessoas poderiam pensar que eu quisesse cancelar o pedido, mas a compra proposta era realmente uma forma muito ineficiente de gastar o dinheiro da empresa. Se o objetivo dos gastos era anunciar os nossos serviços, o anúncio foi muito ineficaz porque não fez nenhuma menção à nossa atividade. Se a intenção era doar dinheiro para caridade, fomos ineficazes ao ter de pagar e distribuir um *livro*, mesmo que a gráfica tenha recebido apenas uma recompensa justa por seus esforços.

Os termos e as condições escritos em letras miúdas no verso da fatura sugerem que o fornecedor seria um daqueles que tentam receber mais do que uma justa recompensa por seus esforços. A última condição dizia: "O anunciante entende que o pedido está sendo colocado para a editora, que é contratada pela instituição de caridade ou organização especificada no verso, para publicar o livro especificado no verso." Este é um ponto muito importante a ser observado – seu contrato é com a editora, não com a instituição de caridade. Eles podem perfeitamente ter um contrato com a instituição de caridade, mas o contrato deles pode mencionar que a instituição de caridade recebe £ 1 por anúncio, ou 5%, ou uma taxa fixa de £ 50 por mês. Outra condição declara que "a editora se reserva o direito de, no caso improvável de a publicação falhar por qualquer motivo, colocar o referido anúncio em uma outra publicação. Nesse caso, a editora não se responsabiliza por qualquer compensação ou restituição das importâncias pagas ao anunciante". Então, tendo decidido colocar seu anúncio na revista – aparentemente, de uma instituição de caridade –, na realidade, você pode estar apoiando uma causa totalmente diferente (possivelmente, o oposto). Se você acha que é desleal e absurdo, o que acha dos parágrafos relativos à correspondência entre o anunciante e a editora? "Quaisquer notificações enviadas pela editora ao anunciante por escrito devem ser remetidas por correspondência prioritária e será considerado que o anunciante leu as notificações no dia útil seguinte à data de postagem." Compare com: "O anunciante pode cancelar este contrato dentro de sete dias a partir do recebimento desta confirmação de pedido por escrito à editora. Esta notificação de cancelamento por escrito deve ser enviada por entrega registrada expressa ou carta registrada."

Verifiquei a instituição de caridade mencionada. É verdadeira e recebe algumas centenas de libras da editora. Eles até me enviaram uma agenda. Era mal feita e a impressão da capa de plástico azul chamativo estava se soltando. Portava cerca de 150 anúncios de diferentes locais, como Aberdeen, Devon e Irlanda. Os anunciantes eram agências de recrutamento, psicólogos, transportadoras de gado, lanchonetes, três cirurgiões e até escolas, entre outros. Essas pessoas não conseguirão mais negócios significativos por meio deste anúncio que, como meio de doações de caridade, é terrivelmente ineficiente. Há um dito popular comercial que diz que metade de toda a propaganda é em vão; o problema é saber qual metade. Tenho certeza absoluta de que descobri qual é a essa parte.

Também verifiquei a gráfica que teria recebido o dinheiro. Era uma empresa recentemente estabelecida, tinha um capital social de £ 1 e arquivou somente um plano de contas resumido na Companies House (Câmara de Empresas do Reino Unido). Esse plano de contas apresentava uma deficiência exatamente no excesso dos ativos da empresa. Qualquer profissional de Compras teria um conceito muito claro sobre um fornecedor com esse tipo de postura financeira. Ainda existem pessoas que pagam por anúncios de *caridade* e enviam seu dinheiro adiantado sem a exata compreensão daquilo que estão comprando, pouco ou nenhum conhecimento sobre as atividades das instituições de caridade que estão apoiando e sem garantia de que receberão alguma coisa em troca pelo dinheiro.

O desaparecimento de uma empresa desse tipo, que faz essas publicações, seguido imediatamente pelo surgimento de uma empresa fênix , agindo da mesma maneira, não seria uma surpresa.

É Um Bom Negócio?

É difícil precisar o valor da indústria do golpe, mas o nível total das doações de caridade nos EUA isoladamente é algo em torno de US$ 140 bilhões por ano. As estimativas indicam que o nível de angariação fraudulenta de fundos ultrapasse US$ 1 bilhão, embora grande parte seja relacionada a golpes a consumidores, em vez de golpes comerciais.

Quem Pode Ajudar?

A *Charity Commission* (Comissão de Caridade do Reino Unido) tem poderes para investigar suspeitas de má conduta e uso ilegal de dinheiro de caridade. Eles podem investigar qualquer instituição de caridade registrada na Inglaterra e no País de Gales e tomar medidas para acertar os pontos, se forem identificados abuso ou má gestão. Obviamente, isso pouco ajuda se você for vítima de um golpista que só reivindica representar uma instituição de caridade, embora a Comissão de Caridade possa confirmar se essa instituição realmente existe.

A Comissão investiga todas as denúncias, mas dá prioridade aos casos mais graves. Assim, as queixas menores não serão totalmente investigadas se o custo da investigação for muito mais alto do que qualquer perda para a instituição de caridade. Os golpistas que operam nessa área de atividade tendem a tentar levar pequenas quantias de dinheiro de um grande número de organizações.

Como Evitar Golpes de Caridade

- Se você quiser comprar produtos ou serviços de empresas que prometem que parte do faturamento ou do lucro será doada para instituições de caridade, pergunte-se se a compra tem valor em relação ao dinheiro e se a porcentagem destinada à caridade é suficiente para influenciar a sua escolha de fornecedor.
- Ter uma política em relação a doações de caridade. Esta deve abranger o nível de fundos disponíveis, quem tem poderes para tomar decisões e como os beneficiários devem ser selecionados (por exemplo, por finalidades e objetivos específicos, área geográfica de atividade e assim por diante).
- Se uma instituição de caridade gasta mais do que 10 a 15% do seu volume de negócios na angariação de fundos, pergunte-se se não existe uma maneira melhor de apoiar a causa a que está solidário.
- Se você vai colocar um anúncio em uma publicação beneficente, faça o mesmo tipo de perguntas que você faria sobre qualquer outra propaganda paga. Por exemplo: Quantas cópias serão impressas? Quem recebe as cópias? Será que a publicação tem custos? E o mais importante: essa publicação será distribuída para o público-alvo da publicidade da sua empresa?
- Se estiver fazendo uma doação em cheque, faça apenas o cheque para a própria instituição de caridade.

- Sempre peça um recibo para qualquer doação financeira a instituições de caridade.
- Se for solicitado que você compre ingressos para um evento de caridade, pergunte qual porcentagem do preço do bilhete será destinada à instituição de caridade.
- Pergunte se a organização a ser apoiada é uma instituição de caridade registrada e verifique se existe um número de registro (algumas instituições de caridade não precisam cadastrar-se).
- Se você estiver em dúvida quanto ao *status* de uma instituição de caridade que pede doações, verifique junto à referida *Charity Commission* ou ao *Philanthropic Advisory Service* (Serviço de Assessoria Filantrópica) da *Better Business Bureau* – BBB, nos EUA.
- Se você está lidando com uma empresa que pretende doar uma porcentagem das suas vendas e lucros para instituições de caridade, certifique-se de que elas são legítimas, saudáveis, respeitadas e confiáveis. Pergunte qual porcentagem do dinheiro recebido será realmente destinada à caridade e pergunte a si mesmo se é justo.
- Não se deixe enganar pelo nome do jogo. Qualquer golpista que opere nessa área pode informar um nome que impressiona e/ou um nome semelhante ao de uma renomada organização.
- Tenha cuidado especial nas vésperas do Natal. Os golpistas sabem que as pessoas estão ainda mais aptas a doar a instituições de caridade na época de paz na Terra aos homens de boa-vontade. Além disso, as empresas que tiveram um ano lucrativo podem ser mais procuradas para pedidos de dinheiro nessa ocasião.
- Não imagine nem por um momento que não haja pessoas que poderiam explorar as catástrofes naturais, tais como terremotos, inundações e fome, para tirar dinheiro de você.
- Desconfie de quaisquer fornecedores que pareçam ansiosos demais para serem pagos mais rapidamente do que a prática comercial normal. Mesmo que não sejam golpistas, eles podem estar passando por dificuldades financeiras e é provável que não sejam uma fonte confiável.

CAPÍTULO

Oito

Limiar da Caracterização de Um Golpe

Todos os golpes descritos até agora são trabalhos de vigaristas (ou, em alguns casos, trapaceiros ou bandidos). Todos os exemplos neste capítulo encaixam-se na minha definição de golpe, mas alguns dos perpetradores podem não reconhecer que aquilo que fazem seja, na realidade, um golpe. Eles podem pensar em suas ações como marketing criativo ou uma prestação de serviço. Podem achar que são verdadeiras pessoas de negócios. Você pode tomar sua própria decisão sobre a qualificação dessas práticas como golpes ou não.

Fax Não Solicitado

Quando você chega a seu escritório pela manhã e encontra no aparelho de fax várias mensagens que tentam vender computadores, carros ou passagens aéreas, você pode considerá-las mensagens não solicitadas (semelhante à correspondência sem valor que todos nós recebemos em casa – quantos cartões de crédito eles pensam que eu quero?). Pessoalmente, tenho sempre uma visão bastante descontraída de marqueteiros fazendo a promoção de um produto ou serviço verdadeiro através deste ou de qualquer outro meio. O fax não solicitado a que realmente me oponho (porque o considero um golpe) é do tipo *fax-resposta*, no qual, a fim de obter o que está na oferta, você tem que pedir a entrega através de uma transmissão de fax com tarifa especial.

As pessoas que forçam a aceitação de um fax não solicitado sempre alegam veementemente que a empresa delas é legítima e agrega valor ao produto/serviço. O que elas fazem é enviar às empresas (aos milhares de cada vez) um fax com ofertas de fichas sobre temas como alimentação, financiadoras/sociedades de créditos imobiliários passíveis de proporcionar resultados excepcionais para seus membros, voos baratos, bilhetes para *shows* de TV, pílulas *maravilhosas* e qualquer outro tema que julguem interessante para a secretária ou para a recepcionista júnior que verifica o fax.

Se o destinatário do fax responder, ele recebe um formulário de volta por uma linha telefônica especial com um custo de £ 1/minuto. Esse fato é quase sempre admitido (em letras pequenas) a fim de manter os promotores dentro da lei e da regulamentação de telecomunicações. Esse tipo de fax demora normalmente nove minutos para ser transmitido; assim, o formulário potencialmente custa £ 9 ao empregador do destinatário. Mesmo que os formulários sejam úteis (muitas pessoas os consideram lixo e/ou informações de domínio público, obtidas com facilidade através de outras fontes), ainda há o problema moral, considerando que a pessoa que consegue algum benefício é a secretária/atendente, e a pessoa que paga por isto é o empregador/acionista.

Um exemplo de uma dessas ofertas é uma dieta ridiculamente chamada *versão diet da sopa de repolho*, muito famosa. Os promotores dessa útil ferramenta de negócio afirmam: "Mais de 170.000 pessoas pediram-nos essa dieta até agora." A £ 9 por vez, chegaríamos a um rendimento de mais de £ 1,5 milhão (embora, para ser honesto, os operadores do esquema só fiquem com uma parte desse dinheiro – o resto vai para a operadora telefônica). Isso seria suficiente para pagar uma equipe especializada de nutricionistas, por vários meses, para pesquisar o assunto e ainda produzir um nível indecoroso de lucros. E o que exatamente aquela compra significa com relação aos benefícios da empresa que está pagando por ela?

Um dos truques que essas pessoas usam para manter as linhas de fax com tarifas especiais tocando sem parar é a pesquisa de opinião. Elas se apegam a problemas do dia e depois convidam centenas de milhares de usuários de fax para responder questões como: "Será que a família real é um bem para o nosso país?" Garantiram-nos que as perguntas serão passadas para Tony Blair, William Hague, o Secretário Particular da Rainha, o Presidente da Câmara dos Lordes e o Ministro da Justiça. Espero que essas pessoas sejam mais rápidas ao destinar esse tipo de fax não solicitado ao lixo do que as pessoas ingênuas que realmente os respondem. Outro fax de uma *empresa de pesquisa* queria sua opinião sobre *sexo no escritório*, convidando-o a marcar uma caixa para indicar: (a) Eu nunca fui sexualmente promíscuo, no escritório ou em qualquer outro lugar, quanto a esse assunto, (b) Quem iria descobrir? E, de qualquer modo, seria divertido; (c) Eu já fui pego; e assim por diante. Até agora, presumivelmente, é claro que essa parte da pesquisa é um pouco falha em seu método de amostragem. Na condição de empresa, porém, a firma de pesquisa está, provavelmente, no alvo da segurança, uma vez que ela não apenas toma £ 1 por minuto daqueles que devolvem o formulário via fax, mas também de pessoas que usam seu *sistema interativo de resposta de voz*, cujas chamadas *podem durar dois minutos ou mais*.

Outra maneira frequente de atrair uma resposta são os sorteios. Esses sorteios oferecem um final de semana em Paris, um cruzeiro ou algo igualmente desejável como prêmio (ofereceram um brinquedo Furby quando eles eram escassos pouco antes do Natal, alguns anos atrás). Para ganhar o prêmio, as pessoas com acesso ao aparelho de fax têm que responder a uma pergunta ridiculamente simples (por exemplo, qual é a capital da França: (a) Paris, (b) Londres, (c) Helsinque; ou com quem Cherie Blair é casada: (a) Tony Blair, (b) William Blair, (c) Ken Blair?) e enviar o fax-resposta para um número tarifado. Como um truque ardiloso a mais, os organizadores desses sorteios limitam o número de respostas a oito por pessoa. A um custo médio de £ 4,50, significa que o infeliz do empregador paga £ 36,00 a cada vez que um de seus funcionários é tentado por um desses sorteios.

O formulário de resposta para o sorteio pode conter a seguinte frase: "Somente mensagens com as páginas completas podem ser aceitas como resposta". A razão disso é que o comprimento de uma transmissão de fax depende da quantidade de *espaços negros* na página. Portanto, não é surpresa que as mensagens de sorteio tenham muitas palavras, negritos e figuras para assegurar um tempo longo de transmissão.

Outra variante recente trazia o seguinte: "Envie-nos esse fax e nós lhe enviaremos um *voucher* de férias no valor de £ 100." O fax tinha figuras providenciais do sol, de palmeiras e de uma espreguiçadeira, obviamente destinadas a um efeito duplo de inspirar as pessoas que respondem e aumentar a duração da transmissão do fax (a £ 1/minuto). Tenho certeza absoluta de que algumas pessoas que responderam a esse fax receberão um *voucher* lhes dando o direito de um desconto para férias, mas as férias terão que ser compradas com um agente particular cuja comissão inevitavelmente excederá o valor do *voucher*. Seria melhor para o turista comprar as férias em qualquer outro lugar. Seria melhor para os empregadores se seus funcionários não abusassem da facilidade do fax dessa maneira.

O fax não solicitado transformou-se em um problema para as empresas há muito tempo, atingindo seu pico quando seus emissores começaram a usar as máquinas de discagem automática, que discam para milhares de números aleatórios e enviam mensagens para todos aqueles que respondem com um sinal de fax. Foi introduzida no Reino Unido uma legislação para reduzir essa prática, não porque ela permitisse que uma indústria parasita prosperasse às custas de empresas legítimas, mas porque algumas das mensagens por fax foram enviadas a indivíduos particulares.

Os emissores de fax tinham, então, que confiar na lista de números de fax que tinham elaborado ou comprado a fim de manter uma verdadeira inundação de negócios com as ofertas. Portanto, a legislação aprovada em maio de 1999 dá à empresa uma saída para não receber mais essas coisas. As Regulamentações de Telecomunicações (Proteção de Dados e Política de Privacidade) (Marketing Direto) legalizaram a Diretriz da União Europeia sobre Proteção de Dados de Telecomunicações. Essa legislação abrange "uma proibição geral do uso de sistemas automatizados de chamadas sem a intervenção humana para fins de marketing direto, exceto quando o assinante que realiza a chamada consente previamente e quando as empresas usam informações disponíveis ao público, tais como informações do assinante contidas em diretórios; eles ainda poderão enviar comunicações não solicitadas, mas assinantes individuais e corporativos podem optar por não receber tais mensagens por fax". Uma reação de alguns dos emissores de fax não solicitado a essa legislação foi dar às suas vítimas e às vítimas potenciais uma chance de optar por ficar fora de suas listas. Para tanto, solicitaram a seus destinatários que lhe enviassem seus dados... via número de fax tarifado.

Atualmente, no Reino Unido, é contra a lei enviar mensagens por fax não solicitadas para particulares, incluindo comerciantes independentes. Também é contra a lei enviá-las para empresas que se registraram no Serviço de Fax Preferencial. Essas regulamentações são impostas pelo Registro de Proteção de Dados.

Como Evitar Gastar Dinheiro Com Fax Não Solicitado

Uma das principais maneiras de se evitar gastar dinheiro com essas coisas, assim como com outras coisas, é examinar minuciosamente suas faturas. Quantas pessoas não examinam minuciosamente suas contas de telefone? Pegue suas contas detalhadas e verifique as chamadas com tarifas. Se não estiverem alinhadas com a política da empresa (você tem uma política, não tem?), descubra quem é responsável e tome as medidas adequadas (que, em primeira instância, provavelmente, sejam treinamento e conscientização). Com base nas recentes mensagens que recebemos por fax, nenhuma pessoa que use esses serviços, na realidade, tem desculpas, uma vez que os dizeres "você deve ter permissão do pagador da conta do telefone para se comunicar por fax" começaram a aparecer em letras (muito) miúdas.

O registro no Serviço de Fax Preferencial é gratuito e deve deter as mensagens indesejadas. As empresas que ignoram a legislação de 1998 das Regulamentações de Telecomunicações (Proteção de Dados e Política de Privacidade) enfrentam multas de até £ 5.000,00. Se continuar a ter problemas com fax não solicitados, no Reino Unido, você pode comunicar a OFTEL, o órgão regulador da indústria de telecomunicações. Você também pode reclamar na ICSTIS – *Independent Committee for Supervision of Standards of Telephone Information Services* (Comissão Independente para Supervisão de

Normas de Serviços de Informações Telefônicas), um corpo de voluntários estabelecido pela indústria de telefonia para fornecer regulamentação própria e incentivar os operadores e provedores de serviços com tarifas *Premium* a operar dentro dos códigos de prática acordados.

Em tese, as operadoras de telecomunicações devem remover os serviços das empresas que usam linhas com tarifas especiais (de fax ou de telefone) se as ofertas delas forem enganosas, potencialmente ilegais ou exploradoras. As operadoras de telecomunicações ficam em uma posição desconfortável para usar os próprios sistemas de faturamento para cobrar dinheiro por esse tipo de mensagem por fax (e chamadas telefônicas também, como se pode ver a seguir) e reter parcela significativa do custo da chamada.

A solução Americana Para Fax Não Solicitado

O problema do fax não solicitado deve ser menos predominante nos Estados Unidos. A razão para isso é que dentro de suas leis está o *US Code*, cuja cláusula 47, seção 227(b) (1) (C), declara: "Deve ser contra lei qualquer pessoa dentro dos Estados Unidos usar qualquer aparelho telefônico de fax, computador ou outro dispositivo para enviar propaganda não solicitada para um aparelho telefônico de fax."

Curiosamente, *aparelho telefônico de fax* é definido (seção 227(a) (2) (B)) como: "Equipamento que tem a capacidade de transcrever em papel textos ou imagens (ou ambos) de um sinal eletrônico recebido de uma linha de telefone regular". Baseado nessa definição, o fax não solicitado está fora, anunciar na Iinternet começa a parecer questionável e os e-mails usados para fins promocionais podem também ser ilegais.

Linhas Telefônicas Com Tarifas Especiais

Para ter sucesso financeiro, os emissores de fax não solicitado contam com o fato de suas vítimas terem de pagar tarifas especiais pelo tempo que ocupam a linha telefônica. Essas tarifas especiais são compartilhadas entre o criador do fax não solicitado e a empresa telefônica que fornece o serviço. O mesmo aparelho de linhas de tarifa especial pode ser usado para fazer dinheiro com o tráfego de voz. Existem linhas telefônicas de tarifa especial verdadeiras que oferecem serviços de informações e entretenimento, como placares esportivos, previsão do tempo, dados do mercado de ações etc., mas há outras que oferecem muito menos ou custam muito mais que o esperado – e estas, pela minha definição, são golpes.

No Reino Unido, esse tipo de golpe por telefone sempre tem como alvo o consumidor particular, solicitando com frequência que o feliz ganhador (vítima) telefone para saber os detalhes do prêmio que ganhou (onde você já ouviu essa ideia antes?). Os prêmios potenciais geralmente são listados e normalmente incluem um carro de luxo (BMWs são os favoritos), aparelhos de DCV, TVs, aparelhos de som, câmaras de vídeo e telefones celulares. Para saber o que foi que ganhou, é necessário ligar para um número telefônico especial por nove minutos, ou algo assim, a uma tarifa de £ 1/minuto. Ou, então, você pode ler as letras miúdas, que explicam que a maioria dos prêmios subjugados é composta por telefones celulares, cada um deles sujeito a um contrato de serviços de um ano de duração, pelo qual você tem que pagar £ 17/mês. A pessoa que não lê o segmento das letras pequenas, ou pensa inocentemente que irá ganhar o prêmio real, acrescenta £ 9 em sua conta de telefone ou, mais provavelmente, na conta telefônica de seu empregador, se ligar do trabalho. É uma pena que não se façam duas simples perguntas "por que" e "como": Por que uma empresa sobre a qual nunca ouvi falar quer me dar algo em troca de nada? Como eles podem pagar para fazê-lo?

De acordo com o código de práticas da ICSTIS, materiais promocionais relativos a chamadas de tarifa especial devem deixar claro o custo por minuto, o que geralmente acontece se você ler as letras miúdas. Eles também dizem que qualquer concurso que possa custar mais do que um valor de £ 1.000 deve capacitar a pessoa que liga a confirmar se quer continuar após cada £ 2,50. Essa decisão deve ser menos difícil para algumas pessoas se elas estiverem usando o telefone da empresa.

O Controle de Regulamentos de Propaganda Enganosa de 1988 (do Reino Unido) exige que o material promocional não seja enganoso. Por exemplo, a propaganda não deve representar mal os valores dos prêmios, das chances de ganhá-los ou o custo de entrar no esquema. Assim, todas aquelas informações são dadas em letras miúdas, mas, com certeza, parte dos receptores não está preocupada em lê-las ou compreendê-las.

Nos Estados Unidos, as empresas recebem *faturas* por e-mail para mercadorias que não se lembram de ter pedido, avisando que estão prestes a fazer o débito em seus cartões de crédito. Normalmente, algo como: "Estamos escrevendo para informar que você tem 24 horas para liquidar sua conta. Se não recebermos a liquidação total, iniciaremos os procedimentos legais sem mais demora. Se você preferir discutir este assunto para evitar ação penal, ligue para **** **** no **** ****." Essas *faturas* trazem números de telefone úteis para perguntas/dúvidas, mas elas não deixam claro o fato de que aqueles números são relacionados a linhas de tarifa especial no exterior. Essas linhas de tarifa especial podem ser linhas de sexo e quando as pessoas que ligam ouvem a mensagem, sempre assumem que devem ter discado errado e discam novamente, dobrando assim a renda dos golpistas. Outras vezes, elas podem receber uma resposta por alguém falando um inglês ruim, fingindo não entendê-las, mas, na realidade, fazendo o possível para estender o tempo da ligação.

As linhas de tarifa especial estão sempre baseadas fora dos Estados Unidos, em países com códigos de discagem que criam um número de comprimento similar a um número nacional. As vítimas nem mesmo imaginam que estão fazendo uma ligação internacional e, com certeza, tampouco uma chamada com tarifa especial.

As empresas americanas também são vitimadas algumas vezes com contas telefônicas infladas por meio de um processo conhecido como *enchimento*. Essa técnica *enche* sua conta telefônica de encargos extras por serviços como *paging*, correio de voz e outros. Esses encargos extras são *autorizados* por comentários desprotegidos e conversas telefônicas ou mediante o retorno de cupons aparentemente não relacionados. Devido aos valores envolvidos serem pequenos e porque eles estão incluídos numa conta telefônica legítima, podem não ser notados por algum tempo.

Propaganda Enganosa Personalizada

Há muitos anos, as pessoas que nos enviam todo aquele material de marketing impresso descobriram o valor da personalização: "Sim, o Sr. Smith da 22 Acacia Avenue pode ser o ganhador de nosso prêmio de £ 100.000,00" é o tipo de coisa que a maioria de nós recebe nas caixas postais pessoais constantemente.

Correspondência de marketing enviada para nossas empresas é menos frequentemente personalizada em tal extensão (o que você faria com £ 100.000,00, Sr. Smith?). Recentemente, porém, surgiu uma nova variante que acredito ser destinada a enganar o recebedor e, portanto, pode ser vista como um golpe (embora seus perpetradores possam não considerá-la uma prática desonesta).

A brincadeira funciona dessa maneira. Um envelope chega ao correio contendo um pedaço de papel que parece ter sido rasgado de uma revista; anexado ao papel está um *post-it* com uma nota escrita à mão ao longo das linhas: "Tony, tente isto, é realmente bom" ou "Tony, tente isto, funciona". Eram assinados por "J" ou "T" ou "John". O papel roda por todo o sistema de correio interno da empresa e termina na caixa de entrada do alvo, onde há chances de que o recebedor conheça um "J" ou um "T" ou um "John" e assumem que este é um pedaço de correspondência interna. Se o recebedor respeita os pontos de vista de "J", "T" ou "John", pode, então, completar o formulário de pedido, que parece ser um artigo de revista, mas, na realidade, acaba comprando uma assinatura de um ano de um folheto, revista ou livro. Curiosamente, para qualquer um destes que você responder, o custo será sempre de £ 297,00 (os usuários dessa técnica eram, sem dúvida, americanos). J, T ou John sempre marca aparentemente o endereço para enviar seu dinheiro e acrescenta uma marca grande na margem, de forma que você não o perca.

Essa técnica tem sido recentemente copiada por algumas empresas do Reino Unido, incluindo relatórios de propagandas sobre *Segredos de Marketing*. Quem pensaria que um desses *segredos de marketing* fosse uma nota no *post-it* em sua correspondência, dizendo: "Tony, isto é muito bom – tente, J."

Garantias Superfaturadas e Outras Questões de Preço por Toda a Vida

No Reino Unido, há um departamento governamental chamado *Office of Fair Trading* (Órgão de Proteção ao Consumidor). Com o que você acha que eles se preocupam? Se sua resposta for "proteção ao consumidor", do meu ponto de vista, você estará errado. A razão para essa curiosa anomalia é que o *Office of Fair Trading* se preocupa com consumidores e parece ter a percepção de que as empresas (mesmo as menores) não precisam de sua proteção para fornecedores que não atuam de forma honesta.

Uma ocasião em que esse órgão se desviou dessa anulação do *consumidor* foi quando investigou o mercado de fotocopiadoras e, na verdade, isso levou a grandes melhorias no que já tinha sido um campo minado para o comprador descuidado de equipamentos de escritório. Outra investigação realizada era referente às garantias de aparelhos eletrodomésticos. Deparei-me com empresas que pensavam que estivessem fazendo a coisa certa ao contratar uma garantia estendida para os aparelhos eletrodomésticos usados em suas empresas.

A razão por que os compradores entendem essa garantia de forma errônea, tanto com fotocopiadoras quanto com garantias estendidas, é que eles não compreendem as questões de custo da vida útil associadas com a compra. Em vez disso, eles se concentram no custo do título atraente que vendedores inescrupulosos (não estou dizendo que todos sejam assim) podem manipular em favor próprio.

Fotocopiadoras

Se tomarmos fotocopiadoras como exemplo, o *Office of Fair Trading* referia-se à *ingenuidade descabida* de alguns revendedores e empresas de *leasing*. As práticas incluem um custo por carga de cópia, com base em uma média de uso estimada que resulte em uma taxa fixa cobrada se o uso estiver no nível calculado ou abaixo dele, mas taxas adicionais são cobradas se o volume for maior que o calculado. Assim, o usuário paga o custo acordado por cópia somente se atingir exatamente o uso calculado em cada período de carregamento.

Os contratos de fotocopiadora são invariavelmente feitos com base nos termos e condições do fornecedor (*software* é outro setor no qual essa prática é padrão). Os termos e condições do fornecedor virão sempre por escrito, de forma a servir ao próprio fornecedor, considerando-se que os termos e condições do comprador podem representar uma reviravolta que atenda o comprador. Os termos e condições do fornecedor serão ainda inevitavelmente escritos para se adequar a ele, pois os termos e condições do comprador podem ter um retorno que atenda a este. Contratos de fotocopiadoras frequentemente incluem cláusulas que colocam o comprador seriamente em desvantagem. Por exemplo, o preço anual que aumenta vários pontos percentuais acima da taxa da inflação (como avaliado pelo Índice de Preço de Varejo) sempre é imposto sobre vários anos. Se o preço for razoável no início, deverá ser inflacionado até o final do contrato. Sempre vejo compradores fazendo contratos "Índice de Preço de Varejo +" para todos os tipos de mercadorias e serviços. Como isso faz sentido? Definitivamente, não entendo por que os preços de compras para empresas devem ser ligados ao Índice de Preço de Varejo, dado que este avalia as alterações de preço dentro da "cesta de compras" de bens e serviços para uso doméstico, feito que não tem relação com nenhuma necessidade da empresa. Além disso, que tipo de fornecedor planeja aumentar seus custos nos próximos anos? Você não deveria trabalhar com fornecedores que tenham uma abordagem de melhoria contínua que deva reduzir custos da cadeia de fornecimento ano a ano?

A duração dos contratos de fotocopiadoras (em particular, contratos de *leasing*) também têm sido um problema frequente para os compradores. Se alguém faz uma locação de longo prazo (digamos sete ou nove anos) para uma fotocopiadora que está efetivamente desgastada após cinco anos, é um problema. Geralmente, é oferecida ao comprador a alternativa de pagar o período remanescente da locação e nada receber em troca ou fazer uma nova locação (de sete ou nove anos). Por que eles fazem uma locação tão longa, em primeiro lugar? Bem, isso diminui os pagamentos mensais e o comprador nunca ouviu falar em custo de vida útil. Além disso, o custo por cópia pode ser atrativamente baixo no início dos contratos de locação de longo prazo, mas isso não dura muito quando as cláusulas de reajuste de preço anual são aplicadas.

Garantias Estendidas

Há poucos anos, se você comprasse um carro novo, ele viria com uma garantia de 12 meses ou 10.000 km – aquilo que ocorresse primeiro; depois desse período, você ficaria sozinho. Como resultado de melhorias no gerenciamento de qualidade, os fabricantes de carro agora tendem a oferecer garantias de três ou cinco anos, sempre sem limite de quilometragem. Eles têm condições de pagar por isso porque conhecem o nível de defeito de cada componente em cada ano de vida.

Se, em vez de comprar um carro, você comprasse uma nova máquina de lavar roupas, uma TV ou um refrigerador, as chances seriam que você ainda teria uma garantia de um ou dois anos. Os componentes que estão nesses itens não melhoraram em confiabilidade da mesma maneira que os componentes de carro melhoraram? É óbvio que sim e os representantes que os vendem aos milhares sabem precisamente o quanto eles melhoraram e o quão confiáveis os aparelhos são agora. Mas não lhe dão uma garantia mais longa – eles propõem a venda de uma garantia mais longa.

Cada vez mais, os revendedores de eletrodomésticos têm vontade de vender garantias estendidas nos últimos anos. Foi relatado que para algumas grandes empresas, tais garantias agora contribuem com 30 a 50% de lucros, apesar de terem uma rotatividade numa proporção muito menor (embora pelo menos cinco milhões de garantias estendidas sejam vendidas no Reino Unido todo ano). Muitas preocupações foram levantadas pelo *Office of Fair Trading*, pela Associação dos Consumidores e outras sobre a maneira como os preços de garantias estendidas tendem a não ser proeminentemente exibidos. Em vez disto, elas são preconizadas pela equipe de vendas no ponto de venda, dando, assim, ao comprador a chance de contemplar valores ou de comparar com possíveis alternativas.

Garantias estendidas vendidas por distribuidores de eletrodomésticos são geralmente subscritas por uma empresa de seguros. Algumas vezes, por uma empresa de seguros em geral; em outras, o distribuidor pode ter uma empresa subsidiária (talvez registrada no exterior) que garanta o risco. Quem quer que assuma o risco está, obviamente, mais bem informado sobre a probabilidade de defeitos que o comprador. O distribuidor ganha a comissão sobre as garantias que vendidas; é daí que vêm os grandes lucros.

Nos grandes revendedores de eletrodomésticos, as taxas de ofertas para garantias estendidas como uma proporção de itens vendidos alcançam aproximadamente 25% a 50% da maioria dos itens para máquinas de lavar roupa. O consumidor reconhece que a carga nas partes giratórias das máquinas de lavar as torna mais suscetíveis a falhas. O distribuidor também reconhece que as garantias para esses itens serão mais caras, como uma porcentagem do preço da revenda do item.

Se você conseguir resistir à conversa de vendas do distribuidor, tentando persuadi-lo a fazer uma garantia estendida, a indústria poderá fazer outra tentativa, se você devolver o formulário de *registro do consumidor* preenchido incluído em sua compra. Isso dá ao fabricante a oportunidade de lhe enviar uma correspondência, oferecendo a própria garantia estendida. Bem, para que você pensa que aqueles cartões de registro do consumidor servem? Você pode bem receber duas correspondências, uma logo após a venda e uma pouco antes da data de expiração da garantia do fabricante. Se você está no Reino Unido e quer desesperadamente comprar uma garantia estendida, você deve se lembrar de que, na hora de escrever a taxa especial do seguro, serão acrescentados 17,5% ao custo da garantia se você comprá-la de uma loja ao adquirir a mercadoria, mas somente 5% se você comprá-la subsequentemente de um terceiro.

Você deve estar querendo saber onde o tópico de custo da vida útil aparece na compra de garantias estendidas. Alguém que não pense muito sobre esse assunto pode dizer que o custo de uma garantia estendida, digamos, de £ 150 para cobrir um aparelho de £ 300 por cinco anos, tenha um custo razoável de £ 30 por ano. Na realidade, o item terá uma garantia do fabricante de dois anos de qualquer forma, portanto, a compra é de apenas três anos de cobertura, e não cinco. Além disso, a legislação de Venda de Mercadorias pode responsabilizar o fabricante pelo reparo de defeitos após esse prazo, se for possível provar que havia um defeito no momento da compra. Além disso, o dinheiro para a garantia é desembolsado na hora da compra, o que significa uma antecedência de, pelo menos, dois anos da proteção efetiva se o fabricante oferecer uma garantia de dois anos. Isso deve ser levado em consideração em qualquer cálculo de valor de garantia. Para finalizar, quanto vale o item de £ 300 ao final de dois anos? A resposta provável é aproximadamente £ 150, que significa que você está pagando £ 150 para proteger um ativo com valor de £ 150. No entanto, na realidade, o custo para você foi mais elevado porque o pagamento foi feito com dois anos de antecedência.

Caso você diga que me desviei do assunto *golpes no mundo dos negócios* para o *reino de defesa do consumidor*, gostaria de salientar que tive clientes que pensavam que estivessem fazendo a melhor coisa do mundo, comprando uma garantia estendida quando a empresa adquiriu eletrodomésticos. O exemplo mais lamentável foi uma instituição de caridade que oferece acomodação para pessoas com dificuldades de aprendizagem. Apesar do fato de que os aparelhos estavam sendo usados no contexto de um *lar*, assim que uma reclamação foi feita dentro da garantia, o fornecedor apontou para as letras pequenas que diziam que a cobertura se relacionava ao uso doméstico somente. Dizia ainda que, uma vez que considerava a instituição de caridade uma empresa, ele não realizaria os reparos. Não é necessário dizer que o custo da garantia tampouco foi devolvido.

Se você fizer uma garantia estendida (e pode ter certeza: não acho, em geral, que esta seja uma boa ideia), você deve estar ciente do nível de cobertura, condições e limitações, da proteção oferecida contra danos consequenciais, da necessidade de rotinas de manutenção *homologada* e do mecanismo de reclamação (você tem que devolver o item ou ele é reparado no local?). Você também vai precisar ter a certeza de que o provedor da garantia ainda estará em atividade durante toda a vida da garantia e você deve ser disciplinado e organizado o suficiente para manter em arquivo toda a documentação pertinente à compra e à manutenção.

Outros Equipamentos

Técnicas para confundir os clientes sobre o custo total das compras também são utilizadas para outros equipamentos. Por exemplo, sistemas de segurança podem muito bem vir com um contrato complexo, que abrange acordos de locação e manutenção que produzem um custo mais elevado do que o total estimado. Itens como aparelhos de fax podem estar sujeitos a taxas anuais sob cláusulas de *contratos anuais de assistência técnica*, mas não necessitam de manutenção de rotina. Estas são apenas garantias estendidas com outro nome e são particularmente inadequadas para equipamentos que passam por rápidos avanços tecnológicos e queda no preço.

Consumíveis Com Preço Excessivo (Mais Questões Relacionadas a Custo da Vida Útil)

Você já notou como funciona a indústria de lâminas de barbear? O que acontece é que as lâminas de barbear mais recentes, aquelas com a lâmina extra, ou novo revestimento especial, ou facilidade de ângulo de inclinação, são vendidas a preços muito baixos. Com a nova lâmina de barbear, você receberá uma ou duas lâminas (embora a embalagem no mostruário faça parecer que há mais). Quando você as tiver usado e voltar à loja para comprar as lâminas de reposição, constatará que elas são significativamente mais caras do que qualquer outra que já tenha comprado antes. Assim, o custo total de se barbear, digamos, no próximo ano, será muito maior do que teria sido se este novo barbeador nunca tivesse sido inventado.

Essa prática de fazer mais lucro em consumíveis do que com o equipamento original não é incomum, mas um dos exemplos mais ultrajantes ocorre em compras para as empresas, em vez de itens de consumidor.

Provavelmente, o exemplo mais onipresente é o refrigerador de água. Ele é fornecido gratuitamente ou com baixo custo, muitas vezes, após um período experimental gratuito, que dá à equipe uma chance para se acostumar com a comodidade de tê-lo por perto. Após o teste gratuito, você começa a pagar pelos recipientes de água (os únicos que se encaixam nessa máquina específica). Se você tiver um refrigerador de água em seu escritório ou fábrica, faça a si mesmo as seguintes perguntas: quanto estou pagando pela água ao longo de um ano? Quando esse refrigerador de água foi instalado, nós o obtivemos a preços competitivos? Se sim, fizemos uma comparação adequada de *custo de vida útil* ou olhamos somente para o preço do refrigerador? Se você estiver satisfeito com suas respostas, tudo bem. Se não, talvez você devesse rever o mercado.

Uma das vantagens (do ponto de vista do usuário/responsável pelo orçamento) de uma taxa *inicial* baixa para equipamentos seguida pelo custo elevado de consumíveis é que as despesas são todas receitas, em vez de *capital*, e, portanto, não têm que passar por todos os processos de autorização esperados em uma compra de capital. Essa é uma vantagem para o usuário ou o titular do orçamento porque recebe os equipamentos, mas isso é realmente do interesse de seu empregador? (Lembre-se de que os custos da vida útil possivelmente serão significativamente mais altos).

Esse tipo de negócio foi amplamente utilizado no serviço de saúde, no qual os fornecedores de equipamentos de teste de laboratório fornecem o equipamento com pouco ou nenhum custo, mas os consumíveis necessários para realizar os testes eram disponíveis apenas a um custo elevado. Por muitos anos, esse tipo de prática foi desaprovada pelo governo, que a considerava uma maneira de contornar seus controles de gastos (a expressão *financiamento não convencional* foi usada). Hoje, a ideia do setor privado de fornecer bens de capital e, em seguida, cobrar os órgãos do setor público para a sua utilização durante um período está na moda. Espero que alguém esteja trabalhando as implicações disso em relação aos custos da vida útil, especialmente porque o governo pode pedir emprestado dinheiro para financiar seus projetos e conseguir empréstimos muito mais baratos do que qualquer organização do setor privado.

Mercado da Vaidade

Uma série de golpes parece estar relacionada à propaganda (tenho certeza de que isso não está relacionado com o fato de que muitas pessoas não entendam os processos envolvidos; ela tem um vocabulário todo próprio e as pessoas na indústria trabalham dentro de comunidades fechadas). Já discuti diretórios fictícios e anúncios de instituições de caridade duvidosas. Outro segmento que aumenta ao longo do tempo é a propaganda do mercado da vaidade.

"Caro Executivo", inicia a carta (embora eles normalmente tenham pesquisado o nome), "gostaríamos de incluir a descrição dos detalhes de sua empresa na próxima edição de *Who's Who in Business Today*". Pode ser "quem é quem em siderurgia, bordado ou construção" ou aquilo em que você estiver envolvido. Eles querem seus detalhes biográficos. Também irão querer seu dinheiro para inscrição no livro e/ou para a elaboração de uma listagem.

Uma vez mais, esta é uma das áreas de negócio que poderiam ser vistas como legítimas e não como um golpe, mas isso depende de o comprador saber exatamente o que esperar em troca do seu dinheiro e se vai consegui-lo.

Locação

Outra área de despesas que muito provavelmente não justifica o rótulo de um *golpe*, mas muitas vezes fica bem às margens de *práticas desleais*, é a locação. Pode ser a locação de quase tudo porque sempre que uma empresa aluga as coisas, é provável que esteja menos ciente da maneira como os custos são levantados do que a organização que está fazendo a locação.

Um exemplo óbvio disso são os carros, cuja locação de curto prazo pode ser oferecida como alternativa para contratações mais longas se o veículo preferido não estiver disponível. Dado que as taxas de curto prazo são maiores do que as de longo prazo, há um incentivo para a empresa de locação de perpetuar a indisponibilidade do veículo preferido. Vimos exemplos de empresas gastando grandes quantias em locações de curto prazo que são estendidas por mais de 12 meses.

Os botijões de gás também são alugados por muitas empresas, mas a maioria de seus usuários não percebe que eles são alugados. Quando ficam vazios ou não são mais utilizados, alguém precisa garantir sua devolução ou a empresa fica pagando por nada. Comprometemo-nos com um projeto para uma faculdade que alugou um grande número de botijões, mas não os usou entre julho e outubro, quando a faculdade estava fechada. Pedimos ao contratante para levá-los embora e retornar no momento apropriado, mas foi mais fácil simplesmente não cobrar o período que não estavam sendo utilizados (e que a faculdade pagou previamente por muitos anos), poupando assim, para a faculdade, por volta de 20% do custo anual.

Como Evitar o Limiar dos Golpes

- Para evitar que pessoas respondam a mensagens de fax não solicitadas, você pode expor a política da empresa em termos claros e treinar aquelas pessoas sobre aquilo com que elas devem tomar cuidado. Para verificar se a política da empresa é seguida, examine sua conta de telefone e fax quanto a números de tarifa especial. Se tiver certeza de que nunca precisará ligar para números legítimos de tarifa especial, bloqueie-os em seu PABX.
- Para evitar ser seduzido por propaganda enganosa personalizada, verifique junto aos colegas que parecem estar recomendando jornais ou publicações via *post-its*. Fique especialmente atento a propagandas americanas de marketing.
- Se você acha que uma propaganda é enganosa, pode reclamar com a *Advertising Standards Authority* (Autoridade de Normas de Propaganda). A ASA regula a concorrência sob o Código Britânico de Promoções de Vendas.
- Contate o *Office Telecommunications* (OFTEL) se um golpe estiver relacionado a uma chamada telefônica.
- Contate o Comitê Independente para a Supervisão de Normas de Serviços de Informações Telefônicas se envolver uma ligação de tarifa promocional.

- Evite garantias estendidas, a não ser que você tenha realizado uma avaliação cuidadosa para constatar que elas fornecem uma administração de nível de risco em que valha a pena o retorno de seus altos custos.
- Entenda as bases nas quais você é cobrado por mercadorias e serviços. Evite cláusulas de escalonamento, contratos de tempo e materiais e acordos de acréscimo de custos.

CAPÍTULO Nove

A Internet – A Nova Fronteira Para Os Golpistas

Isto É Um Grande Problema?

Estimativas do provável impacto da internet sobre a vida comercial variam. Uma estatística frequentemente citada é o prognóstico (da companhia de pesquisa tecnológica independente *Forrester*) de que as compras *business-to-business* na internet aumentarão de US$ 43 bilhões para US$ 1,3 trilhão em um período de cinco anos. Outra coisa é que, enquanto a difusão via rádio levou 38 anos para atingir um número de 50 milhões de usuários e a televisão e os computadores levaram 16 anos, a internet levou apenas cinco anos para que os usuários atingissem o mesmo número.

Meu ponto de vista é que estimativas como essas geralmente têm duas coisas em comum: (1) estão erradas; e (2) subestimam o impacto que o comércio eletrônico terá sobre nossas vidas e particularmente sobre o modo como vamos negociar. O comércio eletrônico apresenta uma probabilidade de muito mais escolhas, acesso mais fácil a vendedores, preços e custos administrativos mais baixos e particularmente a expectativa de compactação do tempo em toda a cadeia de abastecimento.

A introdução da internet é comparada à chegada da eletricidade. Terá um enorme impacto sobre os aspectos sociais, políticos e econômicos das nossas vidas que ainda não começamos a compreender.

Vivemos uma segunda revolução industrial impulsionada pelo comércio eletrônico, a rota comercial do novo milênio, mas essa revolução será muito mais dramática do que a última, particularmente na velocidade com que as mudanças são introduzidas.

Como consultor, dou boas-vindas às mudanças. Desenvolvemo-nos com isso. Tentamos criá-las se pudermos e, no mínimo, vamos pedir que você fique de olho nelas. Quem mais você pensa que daria boas-vindas ao tumulto, à confusão e às oportunidades que a revolução da internet traz? Sim, são os golpistas novamente! Eles e seus irmãos mais problemáticos, os *cyber-fraudadores*, estão dentre os mais rápidos a abraçar qualquer novo desenvolvimento tecnológico. A internet deve ser um desenvolvimento extraordinariamente positivo, que encurta distâncias, eliminando fronteiras e acelerando processos. As perspectivas para uma compra melhorada entusiasmam particularmente; a internet se torna um mercado global que possibilita aos compradores adquirir mercadorias e serviços ao redor do mundo por meio de eficientes cadeias reestruturadas de fornecimento. O outro lado do quadro cor-de-rosa é que os golpistas do mundo têm cada vez mais acesso fácil a seus alvos.

A comunidade empresarial tende a vacilar entre a lamentável ignorância e o extremo exagero quando leva em consideração as ameaças, fazendo-as passar por *cyber-crimes*, até porque não há estatísticas significativas para orientação. Como resultado, muitas empresas atrasam suas entradas no mundo do *e-commerce* por temerem os perigos desconhecidos e as preocupações com a segurança.

Tanto nos Estados Unidos como na Europa, é estimado que 50% das fraudes de cartão de crédito são realizadas em compras pela internet, apesar do fato que isso atualmente representa apenas cerca de 2% das transações. Para algumas pessoas, a internet é a moradia de *hackers*, pornógrafos e vigaristas-artistas. Apesar de tudo isso ser verdade até certo ponto, e a internet ter mesmo um lado escuro, o comércio (e particularmente o business-to-business) inevitavelmente crescerá nesse meio, portanto, devemos aprender a lidar com isso.

Apenas Brincando?

Em parte, a maneira como lidamos com isso tem a ver com a forma como mantemos nosso senso de ceticismo sobre ofertas que parecem ser muito boas para ser verdade. Os passadores de trote acham a internet irresistível. Um dos e-mails mais comuns é o *aviso de vírus* sobre vírus não existentes. A disposição de certas pessoas em abaixar seu medidor de ceticismo, o famoso *desconfiômetro*, para zero assim que ficam em frente a um computador é demonstrada pelo documento circulado amplamente nos Estados Unidos entre usuários da internet, que supostamente seria um comunicado para estudantes, escrito pelo autor Kurt Vonnegut. Na verdade, era uma coluna escrita por um jornalista de Chicago e rotulada como Vonnegut por algum usuário anônimo da net.

Se essas pessoas se dão o trabalho de enganar milhões de outras apenas por diversão, imagine quão dispostas algumas delas ficarão quando descobrirem como fazer dinheiro com suas trapaças. Essas pessoas podem ser adolescentes da Colômbia ou de Moscou; se os golpes funcionam para elas, quanto tempo levará antes que todos os seus amigos participem?

Os *hackers* têm normalmente entre 15 e 35 anos de idade, são extremamente inteligentes e suas razões para a pirataria surgem de um desejo de cometer dano criminal devido à incapacidade de resistir a um desafio. Algumas vezes o motivo para seus atos de trapaças e destruição pode ser difícil de compreender, embora *contar vantagem* em suas discussões com grupos de bate-papo *on-line* sem dúvida seja sempre um fator. Cada vez mais, porém, pode-se esperar que voltem suas atenções às informações de sistemas de computadores de outras pessoas que eles podem usar para vantagem própria.

De acordo com um relatório dos Estados Unidos, há mais de 20 milhões de pessoas ao redor do mundo com "habilidades para iniciar um *cyber-ataque*". Muitas delas assumem o *hobby* de piratear computadores de outras pessoas com *softwares* destrutivos (algumas vezes chamados *malware*). Parte delas inevitavelmente aplicará golpes.

Antigos Golpistas Modernizados

Como vimos nos capítulos anteriores, a internet pode simplesmente ser usada como um mecanismo de obtenção de resultados para golpistas tradicionais. Os golpes não são novidades, apenas o meio. Por exemplo, você pode receber uma carta 419 da Nigéria enviada por e-mail, ou lhe será dada a chance de completar as informações da sua firma em um diretório de empresas via um formulário *on-line*. Sem dúvida, ao longo do tempo, todos os tipos de outras oportunidades interessantes encontrarão o caminho de sua caixa de correio eletrônica.

O volume e a velocidade das comunicações disponíveis pela internet fazem dela um irresistível mecanismo de entrega para o golpista. Mesmo o mais ágil e rápido operador de telemarketing lutaria para realizar, digamos, mais de 150 vendas em um dia. Usando o poder da internet, os golpistas podem alcançar dezenas ou talvez centenas de milhares de pessoas ao redor do mundo com a mesma mensagem. O e-mail tem a vantagem a mais de ser assíncrono – isso significa que a vítima do golpista não precisa nem ao menos estar disponível no momento da *ligação* para o contato ser realizado.

Golpes de *consumidor*, incluindo venda em pirâmide, cartas em cadeia e especialmente ataques compartilhados, também usam a web mundial como meio. Os golpes *de aumento artificial do preço de ações* (*share ramping* ou *pump/dump*), em que os preços das ações negociadas são impulsionados por falsos rumores antes de serem vendidas pelos trapaceiros, adaptam-se perfeitamente à internet. De acordo com a Comissão Federal de Comércio dos EUA, os golpes por e-mail mais comuns são:

- *Golpes de oportunidades de negócios*, que oferecem altos lucros por pouco esforço e são normalmente variantes de vendas em pirâmides.
- *Fazer dinheiro enviando e-mails em massa*, que, como seu antecessor *endereçamento de envelopes*, baseia-se no sonho impossível que alguém lhe pagará para fazê-lo.
- *Corrente de cartas* – como suas versões em papel, esses e-mails são ilegais.
- Golpes de *trabalhe em casa* – estes são normalmente trabalhos intensos de tarefas de montagens artesanais que são rejeitados, baseados na qualidade antes que qualquer pagamento seja realizado, apesar da possibilidade de as vítimas já terem pagado pelos materiais.
- Golpes de *saúde e dieta*, que propõem avanços científicos para resultados miraculosos através de fórmulas secretas desenvolvidas por médicos especialistas; naturalmente, elas vêm com um preço e, obviamente, não funcionam.
- *Dinheiro fácil* através de folhetos de dicas de como ficar rico depressa.
- *Ganhe de graça* ou, talvez, não realmente de graça, porque você terá que pagar uma taxa de adesão e recrutar alguns novos membros.
- *Oportunidades de investimentos* – oferecidos com alto retorno e baixo risco; estes são, na realidade, mais prováveis de serem investimentos *pump/dump* com mercado limitado.
- *Kits decodificadores de sistema a cabo*, que permitem acessar televisões a cabo sem pagar a taxa de assinatura. Na realidade, algumas vezes isso funciona, mas seu uso é ilegal porque o usuário obtém serviços pelos quais não pagou.
- *Empréstimos garantidos*, que geralmente são apenas uma lista de instituições de empréstimo fornecida de acordo com o pagamento de uma taxa.
- *Golpes de reparação de crédito*, que, sem qualquer pudor, atacam os indivíduos vulneráveis através de promessas de limpar um nome sujo.
- *Prêmios de promoções de férias*, que necessitam de pagamento para aderir a um clube de viagens e/ou compra de taxas de adesão caras para torná-las verdadeiras férias, cujo custo total inevitavelmente excede o valor do *prêmio*.

Penso que você tem que ser muito crédulo para cair em um desses golpes, mas as evidências que mostram que há pessoas por aí preparadas para acreditarem nas mais improváveis histórias vêm de exemplos de golpes de saúde que recentemente apareceram na internet. Eles incluem:

- Um sabonete emagrecedor do Japão que diz *lavar a gordura em segundos.*
- Um remédio americano feito com ervas que ajudou pacientes a se livrarem do câncer num período de 10 a 14 dias.
- Um caramelo restaurador de cabelos que alegam ser o *único que realmente funciona.*
- Livros que alegam conter a cura para todos os cânceres e todas as doenças, incluindo HIV e AIDS.

Como eu disse antes, algumas pessoas parecem baixar seu *desconfiômetro* para zero toda vez que ficam em frente a uma tela de computador.

Spam, Spam, Spam

Quando enviados em quantidades enormes e-mails não solicitados ou e-mails em massa são chamados de *spam.* O termo surgiu aparentemente do esquete do *Monty Python's Flying Circus*, no qual *spam, spam, spam* era repetido por um grupo de cantores Vikings em volume crescente até se tornar realmente irritante. Algumas empresas legítimas devem adotar essa prática como um meio de contatar consumidores potenciais, mas estimativas informais sugerem que cerca da metade dos e-mails comerciais não solicitados contêm mensagens fraudulentas ou enganosas, por isso a máxima "se é um spam, é um golpe" pode valer muito a pena ser lembrada.

Os perpetradores de golpes usam softwares especialmente desenvolvidos para enviar centenas de milhares de e-mails em um clique de mouse. As listas de endereços de e-mail podem ser adquiridas de agentes que coletam endereços de novos grupos, salas de bate-papo e outros. O *spam* pode geralmente ser notado porque ele não contém o endereço do destinatário na linha do "para". Ao invés disso, você recebe uma cópia oculta da correspondência. Lidar com *spam* tem sido um problema para usuários de e-mail nos Estados Unidos faz tempo e numerosos *websites* têm aparecido de repente, aconselhando pessoas irritadas ou ofendidas por *spam* sobre o que devem fazer. Uma reação não recomendada é a de responder àquele que envia o *spam* com "isso não funciona" ou mensagem similar. Isso diz àquele que envia o *spam* justamente que o endereço de e-mail alvo é válido e ativo. O mesmo resultado é alcançado se você o enviar para a instrução "remover da lista" na mensagem de *spam.*

Responder ao spam com uma enxurrada de e-mails destinada ao remetente com múltiplos e-mails de retorno insistindo na sua exclusão da lista já foi defendido, mas não é, na verdade, uma boa ideia. Primeiro, isso apenas entope a internet (que é a maior razão para se opor ao *spam* em primeiro lugar). Segundo, isso provavelmente não alcançará o objetivo, uma vez que aqueles que enviam *spams* são propensos a usar um caminho forjado na linha "de" de seus cabeçalhos.

Tema e Variação

As variantes sobre temas tradicionais também podem ser criadas. Por exemplo, em vez de comprar uma entrada num diretório de fax sem utilidade, agora, é provável que você receba cada vez mais ofertas da possibilidade de comprar espaço num diretório de e-mails sem utilidade. Você também pode comprar serviços do servidor da web de uma gama inteira de empresas, a maioria das quais é totalmente respeitável, mas algumas lhe aplicarão golpes. Se você não sabe o valor do serviço que está comprando, há um sério risco de comprar de um website que contém informações limitadas e faltando partes essenciais relevantes. Além disso, os trapaceiros normalmente não se preocupam mesmo em registrar seu site em nenhum dos mecanismos de pesquisa, de forma que ninguém possa encontrá-lo. Recebemos um convite via fax para criar um website (alguns anos depois de já termos o nosso). O convite dizia que o projeto seria gratuito porque seria desenvolvido por estudantes. Haveria, no entanto, a exigência de que qualquer um que aceitasse a oferta, seria obrigado a pagar pela hospedagem do website. O custo não era especificado no documento de contato inicial.

Você também pode receber golpes de propagadores de golpes (remetentes de e-mails em massa). Normalmente, eles enviam e-mails com uma oferta para enviar sua mensagem de propaganda para centenas de milhares de pessoas por algumas centenas de dólares. De qualquer maneira, eles farão o que disseram que fariam, mas não lhe contam sobre a resposta negativa que o golpe gera. Sabendo a provável resposta, eles podem perfeitamente usar um endereço de retorno forjado no cabeçalho. Assim, algum grupo completamente inocente pode receber uma inundação de reclamações sobre e-mails que nunca enviou. Portanto, como prometido, centenas de milhares de destinatários receberão sua mensagem de propaganda – alguns farão chamadas telefônicas de longa distância. Quando reclamarem ao provedor de serviços da internet, você poderá pensar que sua conta está desabilitada.

A Califórnia é uma grande exportadora de golpes de internet devido ao grande número de indivíduos que conhecem a tecnologia necessária. Os EUA, portanto, estão em primeiro plano na fiscalização de golpes de internet e emitem pedidos de "desistência e retenção" para sites que não atuam a favor do interesse público.

De Quem Mesmo É Esse *Site*?

Em se tratando de criação de site, vale notar que alguns fraudadores podem configurar websites muito similares àqueles de companhias genuínas, mas com o nome delas escrito ligeiramente diferente. Se você não prestar bastante atenção, pode ser que comece a se relacionar com um impostor.

Engraçadinhos adotaram essa tática (conhecida como *imitações*) para configurar sites designados a embaraçar políticos e outras personalidades públicas (inclusive George W. Bush, Hillary Clinton e Sylvester Stallone), transmitindo uma mensagem contrária à imagem da vítima. As empresas também são alvos. Por exemplo, a importante loja Harrods estava insatisfeita com alguém que usava um site que levava o seu nome, dando conselhos sobre os melhores lugares para se encontrar e usar cocaína; um site da Land Rover continha detalhes das "dez principais razões por que meu Land Rover Discovery é uma droga", incluindo gráficos impressionantes que mostravam um veículo perdendo seu escapamento, o pára-choque e o eixo dianteiro enquanto viajava pela página; o LLoydsTSB encontrou um aviso de um titular de cartão de crédito descontente com a "política de intimidação do cliente" e o nome do Manchester United foi usado como portal para um site pornográfico.

Outros empresários reconheceram o valor de um importante e atrativo nome de website e transformaram o *cybersquatting* em um negócio valioso, registrando nomes potencialmente úteis e depois os vendendo com lucro. O exemplo mais exagerado foi o domínio *business.com*, vendido por mais de £ 4,6 milhões. Mais ambiciosa, provavelmente, foi a pessoa que tentou vender *billgates.co.uk* por £ 2 milhões. Possivelmente, o mais divertido foi o homem que, declaradamente, de acordo com a imprensa britânica, obteve lucro com a venda de *www.inlandrevenue.org.uk* para o coletor de impostos (cujo site oficial é *www.inlandrevenue.gov.uk*).[1] A Receita Federal, no entanto, não notou o endereço *www.inlandrevenue.co.uk*, que, da última vez que procurei, era usado por uma firma de contabilidade que oferecia consultoria fiscal. Alguns *cybersquatters* foram considerados ilegais pelas leis que protegem as marcas e, como resultado, a Marks and Spencer, o J Sainsbury, a Virgin e a British Telecommunications ganharam todas as ações do Tribunal Superior para recuperar o uso de seus nomes. Geralmente, a menos que infrinjam marcas registradas, *cybersquatters* só quebram as leis se fraudulentamente se passam por outra empresa ou pessoa.

A propriedade do domínio nem sempre está onde você espera. Muitas vezes, o nome é registrado como sendo de propriedade de projetistas da

---

1 *Inland revenue* seria o equivalente a *receita federal*. (N.E.)

web, provedores de serviço da internet ou empresas de servidores da web, e não pela empresa cujas informações aparecem no site. Isso acontece porque, além de declarar-se como "responsáveis técnicos" para o site, essas empresas, por vezes, registram-se como o "contato administrativo", que os registradores de domínio reconhecem como os proprietários do domínio.

Você deve ter o cuidado de ler muito bem os endereços de *sites*. Um site com uma extensão ".co.uk" não é necessariamente executado a partir de uma base do Reino Unido.

Golpe do Fornecedor Fantasma

O novo modelo de corrente de fornecimento criado pela introdução do comércio eletrônico oferece a probabilidade de preços mais baixos e serviços mais rápidos, portanto, se você estiver navegando na web e encontrar um site interessante, vendendo um sistema de computador, um cartão de memória ou um periférico, ou se você vir algo de que goste em um grupo de notícias, é possível que acabe enviando dinheiro para comprá-lo. Se seu cheque for descontado, mas não chegar nada, o que você pode fazer? As pesquisas revelam que várias outras pessoas compraram o mesmo item na mesma época, mas se você foi enganado, é provável que jamais consiga descobrir exatamente onde seu dinheiro foi parar. Uma investigação na Europa (relativa às compras realizadas pelo consumidor na rede) sugere que 8% das compras *on-line* nunca chegam. A prática tradicional de comprar mercadorias e não pagar adiantado e somente negociar com fornecedores conhecidos, de boa reputação e confiáveis, é suficiente para evitar que essa situação aconteça.

Há provas de que alguns desses fornecedores fantasmas se originem em locais como o Leste Europeu ou a China – tente pegar seu dinheiro de volta de lá...

Alguns Poucos Problemas Legais

Falei anteriormente que uma das vantagens que os golpistas em geral têm é que eles entendem os problemas legais que cercam uma transação de compra melhor do que a pessoa média a quem foi delegada a autoridade de comprar em nome do empregador.

Quando se trata de compras na internet, o comprador ocasional não está sozinho em não saber o que está acontecendo do ponto de vista jurídico. Por exemplo, se você está na Europa e compra um computador dos EUA pela internet, de onde são as leis que se aplicam quando há um problema? Esse é um dos 15 sistemas legais que existem na Europa ou isso depende do país em que o revendedor está baseado? A resposta a essas perguntas não é tão direta como você possa imaginar, devido à falta de precedentes em que um advogado ou qualquer outra pessoa possa basear seu julgamento.

A situação jurídica é mais complicada pelo fato de que pode não ficar claro em que parte no mundo o fornecedor se localiza. A lei que se aplica ao contrato pode ser aquela do país do fornecedor, do comprador ou do país de um terceiro. Há aqueles na UE que propõem que as convenções de Bruxelas e Roma sejam emendadas de tal forma que os compradores tenham o direito automático de acionar a lei em seu país de origem, mesmo que tenham concordado com os termos do website, que pode enquadrar-se em lei de outra jurisdição. Enquanto isso seria um grande benefício para a luta contra golpes, muitos advogados discutem vorazmente contra o princípio e pode-se ver que tais regras podem muito bem trabalhar, por vezes, injustamente em relação aos fornecedores legítimos. Isso também apresentaria o sério perigo de o sistema legal da Europa se tornar obstruído com consumidores eletrônicos insatisfeitos entrando com ações judiciais cíveis.

Mesmo assumindo que sabemos quem aplica as leis, as agências que as aplicam ficam em desvantagem porque elas estão brincando de *flagrar*, enquanto os trapaceiros inventam novos golpes e fraudes. Ao tempo em que escrevíamos este livro, havia somente uma unidade especialista em crime no Reino Unido dedicada a investigar crime de computador (a *Metropolitan Police's Crime Unit*, ou Unidade de Criminalidade de Computadores da Polícia Metropolitana). Investimentos futuros maiores em outras unidades são improváveis, dado o fato de que crimes locais (como roubos, assaltos etc.) são percebidos como mais importantes (e mais plausíveis de serem resolvidos) que os *cyber-crimes* originados na Rússia ou no Brasil. O custo de tratar com crimes locais, comparado ao custo daqueles *cyber-crimes*, também favorece recursos que visam áreas tradicionais. A denúncia bem-sucedida dos *cyber-criminosos* é difícil, mesmo sem todas as complicações internacionais, porque a natureza transitória dos registros do computador que fazem a coleta, a avaliação e a preservação da evidência representa um problema. As empresas estão, portanto, na linha de frente da batalha contra os *cyber-criminosos* e *cyber-golpistas* e têm que estabelecer seu próprio mecanismo de defesa. Tradicionalmente, as empresas são muitas vezes relutantes em admitir que seus sistemas foram violados por hackers e similares, pois as estatísticas do *cyber-crime* são meras conjeturas e justificar os recursos para lutar contra os autores é difícil. O desenvolvimento do comércio eletrônico é tão rápido que as empresas não podem esperar pelos aspectos legais para se recuperarem. A Câmara de Comércio Internacional fundou uma unidade de *cyber-crime* que está criando um banco de dados das técnicas utilizadas pelos *cyber-criminosos*. A unidade, que trabalhará ao lado de outras divisões dedicadas à fraude e à falsificação, também é destinada a funcionar como uma interface entre empresas privadas e órgãos de aplicação da lei, incluindo a Interpol. Em geral, porém, as empresas não devem enfocar o policiamento de toda a internet, mas, em vez disso, elas devem concentrar esforços em garantir que a própria pequena parte fique segura.

Vários países e grupos de países visam a nova legislação para controlar o comércio na internet. No entanto, há uma série de áreas onde existem pontos de vista diferentes. Por exemplo, a lei que se aplica é aquela do país de origem ou do país de destino? A lei é a mesma tanto para os *consumidores* como para as empresas? No caso dos e-mails não solicitados, os receptores devem ser autorizados a optar por recebê-los ou só será permitido aos remetentes enviá-los a pessoas que tenham optado positivamente por recebê-los? Nos EUA, há outra complicação: a Primeira Emenda à Constituição garante o direito à liberdade de expressão. Possivelmente por esse motivo, o governo do país adota uma abordagem *hands-off* para a legislação sobre o comércio eletrônico, ao passo que a abordagem europeia vê governos que tentam exercer mais controle. O controle jurídico da internet não será facilmente obtido (se é que isso ocorrerá) – para obter o controle do *cyber-espaço*, é necessário substituir a liberdade do comércio pela segurança. Potencialmente, a segurança só poderia ser alcançada por meio de um sistema de identificação de chamadas, do tipo que poderia tornar todo mundo rastreável e, assim, potencialmente vulnerável.

Essa diversidade de abordagens entre países diferentes oferece oportunidades para os golpistas, uma vez que é mais comum eles se situarem em países com sistemas fracos de proteção a consumidores e empresas. Mesmo que vários países se decidam mesmo a agir de forma harmonizada, o acordo sobre convenções internacionais sempre leva vários anos para conseguir a ratificação pelos respectivos parlamentos nacionais. A essa altura, a tecnologia e os golpistas terão se mudado, por isso, a probabilidade é termos um ponto favorável para os trapaceiros.

No Reino Unido, a *E-commerce Bill* garante o *status* de assinaturas digitais. Na prática, a lei inglesa sempre foi um tanto incomum, não exigindo assinaturas para todos os contratos (apenas para determinadas áreas, como propriedades, embora existam cerca de 40.000 referências de assinaturas na lei inglesa relativas a coisas diversas, como certidões de casamento e declarações fiscais). Por conseguinte, transações eletrônicas foram provavelmente necessárias antes da E-commerce Bill, desde que ambas as partes pudessem demonstrar que haviam entendido a natureza do acordo. Vimos em muitos golpes o desejo do golpista de afirmar que eles declararam a natureza da operação antes que a vítima se comprometesse. A razão para isso é estabelecer um acordo juridicamente vinculativo claro, o que favoreceria o golpista em caso de qualquer conflito posterior. Mesmo quando as coisas podem parecer claras, há possibilidade de, em caso de algum conflito, os advogados argumentarem sobre como aplicar as leis do século XVIII para transações que foram realizadas utilizando a tecnologia do XXI. Se somarmos a isso o fato de que estamos reagindo a um problema internacional com respostas nacionais (o que varia), a confusão é possível de imperar por algum tempo.

Uma coisa que poderia ajudar a esclarecer a situação é o comprador que se lembrou de especificar em seu pedido onde e como as disputas/controvérsias poderiam ser resolvidas (onde parte daqueles termos e condições se aplicarem). Na prática, quantos se preocupam com isso?

Manutenção de Registros

A manutenção de registros é o elemento-chave na aquisição de boas práticas. O estado legal dos registros de várias formas, no âmbito do comércio eletrônico, é questionável, mas, em qualquer contestação, você estará em melhor condição com registros do que sem eles. Os registros podem compreender páginas do website do fornecedor, a oferta dele, o segmento em letras miúdas (leia e preencha esse segmento!) e correspondência/esclarecimento/confirmação via e-mail.

E o Pagamento?

O meio de pagamento normal para transações na internet inicialmente será o cartão (a menos que a transação seja uma dentro de uma série e que os termos de crédito comercial normal se apliquem). Para os consumidores, geralmente será um cartão de crédito, oferecendo-lhes proteção de acordo com a Lei de Crédito ao Consumidor (Reino Unido), que torna o emissor do cartão de crédito corresponsável com o fornecedor por quaisquer falhas no fornecimento. Os emissores do cartão de crédito sempre tentam argumentar que isto não se aplica a transações *entre fronteiras*, mas o *Office of Fair Trading* se refere a esse particular como algo sem fundamento. Os compradores de empresas não têm a mesma proteção e geralmente usam cartões de compra corporativos, que são um tipo de cartão de débito. Os cartões inteligentes de pré-pagamento também estão sendo experimentados, mas seu uso ainda não é tão difundido.

O *comerciante* (vendedor) pode proceder a diferentes verificações sobre a validade da transação, incluindo verificações de endereços, padrão de tamanho de pedido, frequência de pedido, lista negra e outros para gerenciar o risco de fraude. Quantos compradores realizam uma verificação financeira sobre o fornecedor? Honestamente, o comerciante é altamente suscetível a fraudes de internet porque as pessoas usam detalhes de car tões de crédito roubados ou falsos para adquirir mercadorias e os bancos que fazem os pagamentos cobrem os custos do golpista quando o legítimo proprietário do cartão reclamar sobre os itens nos extratos. Existem programas de computador para ajudar os fraudadores a criar números de cartões de crédito falsos (mas matematicamente válidos) e *newsgroups* trocam informações sobre cartões de crédito roubados. É praticamente impossível rastrear os fraudadores, que se escondem atrás de um endereço de e-mail gratuito, sem provedores de serviço da internet.

Segurança

Uma das maiores preocupações para os pioneiros do comércio eletrônico tem sido a segurança. As soluções estão constantemente em evolução, embora, provavelmente, seja justo dizer que uma transação comercial na internet é possivelmente mais segura que usar seu cartão de crédito com um garçom ou fazer um pedido por telefone. Grandes instituições como bancos, correio e outras oferecem serviços de criptografia e estes provavelmente deverão ser adotados universalmente.

As características que os compradores corporativos precisam conhecer a fim de se certificarem de que a internet é segura são:

- confidencialidade, para garantir que as mensagens eletrônicas não poderão ser lidas por terceiros;
- autenticação, de forma que as duas partes da transação possam estar certas sobre a identidade de ambos;
- integridade, que significa saber se os dados dentro de uma comunicação são trocados; e
- não devolução, um mecanismo para fornecer prova de que a transação aconteceu.

Essa segurança vem de uma tecnologia relevante, como o *secured sockets layer* (SSL), que permite que os proprietários de website controlem o acesso a servidores, diretórios ou arquivos particulares, permitindo, assim, que informações sensatas a serem compartilhadas entre o navegador e o servidor permaneçam inacessíveis a terceiros. A infraestrutura de chaves públicas (PKI – *public key iInfrastructure*) refere-se a técnicas, práticas e processos que fornecem serviços de criptografia e assinatura digital. Elas incluem:

- embaralhamento de informações (criptografia) para torná-las ininteligíveis a qualquer pessoa que não esteja de posse da chave secreta ou senha para descriptografar as informações;
- assinaturas eletrônicas que ligam a identidade de um usuário com a mensagem, verificando, assim, a integridade dos dados enviados; e
- certificados digitais que residem no servidor da internet e agem como passaportes eletrônicos para provar a identidade de indivíduos e a autenticidade de websites. Esses itens equivalentes a passaportes eletrônicos são emitidos por órgãos de certificação, tais como bancos

e associações comerciais que verificam a autenticidade dos sites via controles rigorosos sobre a propriedade do domínio, credibilidade de crédito e posição da empresa.

Os desenvolvimentos em PKI devem ser rápidos, uma vez que os padrões globais evoluem.

Os *firewalls*, que protegem as redes de acessos não autorizados, estão disponíveis em três principais formatos:

- *packet filters*, que examinam dados e aceitam ou recusam conexões baseadas em regras predeterminadas;
- *stateful inspection firewalls*, que, em termos leigos, examinam a parte interna dos pacotes de dados quanto a anormalidades; e
- *application gateways*, que examinam os dados de aplicativos e podem bloquear comandos particulares (por exemplo, eles podem permitir a cópia de arquivos enquanto evitam que um usuário remoto seja adicionado a eles).

Application gateways também podem controlar o que sai de uma rede, bem como o que entra. Assim, essa tecnologia pode ser usada para limitar o pessoal autorizado a adquirir apenas até o limite preestabelecido por eles e somente com fornecedores selecionados. Isso oferece uma expectativa muito interessante: os profissionais de compras poderão, rigorosamente, aplicar uma política de compras corporativas através do uso de filtros adequados e, desse modo, cortar a compra de *dissidentes* não autorizados, que é a rota de entrada para muitos golpes.

Futurologia

Olhando para o futuro em relação a computadores e internet, a tecnologia é desafiadora (realmente audaciosa), se comparada ao papel impresso. Uma previsão que vale a pena notar, no entanto, é a possibilidade de que, no futuro, você poderá não ser trapaceado somente por pessoas, mas por máquinas ou softwares também. Por exemplo, você pode baixar um protetor de tela pela net que prejudica seu sistema, espiona, rouba senhas, verifica controles de autorização, organiza pagamentos ou qualquer outra coisa que possa ser útil para seu criador.

Outra característica dos golpes de internet, que pode mudar completamente a natureza dos golpes futuros, é que os golpes tradicionais normalmente funcionam melhor em empresas de pequeno ou médio porte com sistemas emergentes. Para o golpista de internet, entretanto, pode ser que os melhores alvos sejam aquelas organizações com sistemas maiores e um maior número de terminais conectados ao mundo exterior. Com a crescente confiança do comércio nos e-mails e na computação em rede, torna-se mais provável que o único computador seguro seja aquele que estiver desligado. Os sistemas ERP favorecidos por grandes empresas desenvolverão módulos de comércio eletrônico com salvaguardas de *identity trust* incorporados, mas, até que essa tecnologia seja completamente desenvolvida, os golpistas continuarão procurando oportunidades.

A mudança para comprar na internet não será direcionada por seu potencial para bloquear os golpistas ou mesmo pela possibilidade que ela oferece para identificar novos fornecedores de melhor valor. O aspecto de comprar que direcionará a maioria das organizações para compras de internet será o potencial de redução dos custos administrativos internos de colocar e processar um pedido. A maioria das empresas não tem ideia do custo, mas o valor tradicionalmente usado de £ 40 por pedido provavelmente representa cerca de metade do custo total real na maior parte das companhias.

Outra mudança maior para compras que será resultante da internet e pode impactar radicalmente o escopo de operação dos golpistas é o aparecimento do agente de Compras com base na internet. Esses agentes (ou *intercâmbio comercial*) comprarão na net, encontrando o melhor fornecedor e descobrindo o melhor negócio. Assim como permitir que pequenas e médias empresas se juntem potencialmente para alavancar compras e imitar as economias de escala e o poder de compra dos conglomerados globais, a existência de tais agentes terá atividades de compras e tomada de decisões, fora da empresa de pequeno porte, mais rotineiras e em mãos potencialmente mais especializadas. O uso desses agentes pode ser relativamente barato, implementado muito rapidamente e cobrado com *base em cada transação*. Se fornecido em uma base *de hospedagem* (em outras palavras, em um computador remoto que pertence a outra pessoa), a pequena empresa tem necessidade de um capital reduzido e maior previsibilidade dos custos.

Esses agentes podem obter os catálogos de um grande número de fornecedores e torná-los disponíveis para várias empresas por meio de um único ponto de contato. Do ponto de vista administrativo, essa é claramente uma maneira elegante de lidar com a rotina, as compras banais rotineiras para manutenção, reparo e itens de operação que, muitas vezes, representam a maioria das transações de compra de uma empresa, além de um nível desproporcionalmente elevado de administração. Os puristas (ou tradicionalistas) de Compras lamentarão a perda potencial de controle do *relacionamento com o fornecedor*, mas isso poderia ser mantido em certo grau se eles adaptassem seu próprio catálogo de itens disponíveis por meio do controle dos fornecedores e sua gama de produtos. A expectativa é de que as pequenas empresas dependam em maior escala de agentes e de que as grandes empresas criarão os próprios catálogos, usando as próprias disposições contratuais com os fornecedores preferidos. Em alguns setores, as empresas líderes estão se unindo para criar um provedor de serviços compartilhados de compra e acesso à informação. O grau em que a organização de Compras gerencia o catálogo se tornará uma questão de compra estratégica. A compra eletrônica não é uma proposição de que *um modelo atende a todos*; vários modelos diferentes surgirão.

O uso desses agentes pode efetivamente criar um site de portal entre o fornecedor e o comprador, de forma que cada empresa tenha que tratar somente com um parceiro. O comprador pode visualizar o catálogo de qualquer fornecedor que desejar, apenas entrando no *link* de um portal. Assumindo que o operador do portal não permita o cadastro de golpistas como parceiros (improvável) e que todas as transações sejam feitas via portal (ainda mais improvável), há a probabilidade de o golpista ser bloqueado para o processo de compra.

Atualmente, existem obstáculos para a adoção de qualquer uma dessas abordagens, principalmente a relutância inicial de pequenas empresas em adotar o comércio eletrônico. Outros obstáculos técnicos (tais como fornecimento de largura de banda) estão sendo vencidos; porém, requisitos legais, culturais, de idioma e de tarifa permanecem para evitar uma verdadeira terceirização global. As vantagens dessa tecnologia são tão irresistíveis e a plataforma da web é tão presente em toda a parte que a absorção da compra eletrônica é inevitável. A grande pergunta que fica é a extensão em que esses serviços serão hospedados pelas terceirizadas em vez de serem fornecidos por unidades internas (muitas das quais também oferecerão seus serviços externamente).

Um dos maiores impulsionadores da mudança para uma solução de comércio eletrônico de compras é o potencial de redução nos custos administrativos internos associados ao processo de compra. Infelizmente, a maioria das empresas não tem ideia da magnitude desses custos e, portanto, a lentidão para dimensionar as vantagens é possível.

Uma questão de maior importância a ser notada quando uma empresa começa a usar os agentes de compra da internet é que a função de compra deve ser envolvida na decisão do escopo; além disso, a escala de envolvimento do agente e as decisões não devem ser deixadas somente para o departamento de Tecnologia da Informática. Tenha em mente, portanto, que para algumas pessoas de Compras decidir a usar um agente pode ser semelhante a um peru tomando decisões para o Natal.

Além dos Golpes

Várias das atividades descritas aqui vão, tranquilamente, apesar da minha definição de golpe, para o campo da atividade nitidamente fraudulenta.

Outros atos criminosos obviamente também são perpetrados pela internet. Por exemplo:

- entrada nos sistemas de outras pessoas para destruir ou alterar dados;
- venda de mercadorias falsificadas, especialmente softwares piratas; e
- extorsão por ameaça de sabotagem (várias grandes instituições financeiras têm declaradamente pago grandes somas de dinheiro quando enfrentam esse tipo de ameaça).

Os ataques ao *Denial of Service* (negação do serviço) podem também ocorrer quando as pessoas mal intencionadas bombardeiam o seu *site* com um tráfego que bloqueia comunicações legítimas (isso pode não ser um ato criminoso, mas é sem dúvida um incômodo muito grave, além de oferecee um significado todo novo para DOS em um contexto de computador). Os ataques ao DDOS – *distributed denial of service* (negação distribuída de serviço), também conhecido como *smurfing*, ocorrem quando o bombardeamento do website da vítima por milhões de visitantes fictícios é feito via um software que implanta um vírus em centenas de computadores que são posteriormente ativados para lançar dados em abundância. Mesmo que essas mensagens (que são criptografadas) sejam rastreadas até sua fonte, isso ainda fica a um passo de distância do atacante. Os sites de universidades são, muitas vezes, utilizados como base de lançamento para esse tipo de ataque porque eles têm conexões de banda larga ampla, um grande número de servidores e um orçamento pequeno de segurança. O software necessário para a realização desses ataques está disponível gratuitamente na internet.

As dicas a seguir são destinadas a reduzir o risco de golpes, mas espero que algumas delas também ajudem a protegê-lo de ameaças potencialmente ainda mais graves.

Como Evitar Golpes de Internet

- Compre de fornecedores que você conhece e confia. (Há muitos trapaceiros por aí.) Se precisar comprar de uma fonte que você não conhece, investigue-a antes.
- Procure os símbolos no(s) site(s) que você acessa que certificam o uso de tecnologia de segurança para proteger seus dados comerciais. Exemplos são os *cadeados* do site e um endereço de site seguro (HTTPS).
- Certifique-se de ler e entender os termos e as condições que se aplicam à transação, especialmente aqueles relativos a garantias e devoluções.
- Nunca compre nada que você conheceu através de *spam*. (Há uma estimativa de que as chances de não se receber nada em retorno por seu dinheiro são de aproximadamente 45%; as chances de se obter o que

se pensava que fosse receber a um preço razoável são de aproximadamente 5%.)

- Instale *firewalls* sólidos entre a internet e as partes estritamente internas de seu sistema.
- Use proteção de senha e mude as senhas regularmente.
- Tenha cuidado ao instalar qualquer software de origem desconhecida.
- Use sempre um cartão de compras (ele geralmente controla a quantia máxima que você pode perder).
- Verifique se a organização com que você está tratando existe fisicamente de verdade, verificando os números de telefone etc.
- Guarde cópias da documentação (o *status* legal dos e-mails ainda não é claro, mas os registros sempre ajudam em qualquer contestação).
- Não se deixe seduzir por um website que parece atraente – é relativamente fácil e barato criar um website, e ele pode não estar lá após tirarem o dinheiro das pessoas por algumas semanas.
- Cuidado com as LETRAS MAIÚSCULAS e PONTOS DE EXCLAMAÇÃO!!!!!!!!!! Isso pode ser estilo de publicidade pobre, mas sempre parece surgir com VALOR GARANTIDO de que não é tudo aquilo que parece.
- Não confie em referências vagas. "Milhares de consumidores satisfeitos", ou "como visto na TV" podem ser afirmados, mas não verificados. Que tal pedir os nomes de alguns consumidores reais satisfeitos?
- Atenção para afirmações como "isto não é um golpe". Um golpista admitiria o fato se fosse verdade? Alguns golpistas citam leis específicas que "provam" sua legalidade. Esse tipo de papo de vendedor não é necessário por parte de empresas legítimas.
- Revise seus extratos de cartão cuidadosamente para certificar-se de que os detalhes não estão sendo violados.
- Cuidado com as pessoas que sabem muitas coisas a seu respeito e que não foram contadas por você.
- Mantenha sistemas de *back-up* adequadamente robustos para a eventualidade de ações de golpistas ou de outra força mal intencionada interferirem em seu website ou sua rede.
- Tenha em mente que a internet não é apenas uma ferramenta útil para golpistas; ela é também um meio efetivo para relatar rapidamente as atividades deles para as autoridades e divulgá-las a outras empresas.

CAPÍTULO

Dez

Lista de Verificações para Evitar Golpes

Diz-se que há apenas três piadas em língua inglesa, das quais todas as outras piadas são variantes ou combinações entre as três. De forma parecida, os golpes podem ser reduzidos a três tipos básicos:

- fingir vender ou fornecer algo enquanto tira dinheiro (em troca de nada);
- fornecer mercadoria ou serviços de qualidade mais baixa do que aquela pela qual o comprador pensava que estivesse pagando; e
- persuadir as pessoas a comprar algo que elas não precisavam comprar.

Lutar contra esses três conceitos simples é complicado, pela esperteza que os golpistas usam para mostrar suas ofertas como algo que elas não são. A lista a seguir, entretanto, tem mais de três pontos, há de fato mais de três seções e, provavelmente, ela ainda não é abrangente.

Organização de Compra

- Certifique-se de que cada um entenda suas responsabilidades de compras delegadas.
- Tenha um profissional de Compras envolvido no projeto e apresente sua estratégia de Compras.
- Treine os compradores de nível operacional nos passos que eles devem dar para realizar as respectivas tarefas adequadamente.
- Treine a equipe que não tem poderes delegados de compra a dizer: "Não sou autorizado a colocar pedidos, você deve falar com..."

- Tenha uma política clara de Compras, incluindo um código de ética abrangendo brindes e cortesias.
- Garanta que haja segregação nítida de tarefas entre os vários estágios do processo de compras.
- Estabeleça contratos fechados para *commodities* de alto valor ou volume de gastos e exija que os usuários os utilizem.
- Defina um exemplo, desde o topo da organização, de como as políticas de compra devem ser cumpridas.
- Desenvolva um canal através do qual a equipe possa reportar suspeitas de golpes ou fraudes.
- Desenvolva técnicas de gerenciamento de tempo de sua equipe de funcionários, de forma que tenham tempo para ler documentos estranhos.

Colocar Pedidos

- Nunca coloque um pedido por telefone, a não ser que você não tenha dúvidas de que esteja tratando com uma firma de reputação. Para pedidos por telefone, registre o nome do fornecedor, endereço, número de telefone, nome do contato e preços cotados.

Tratar com Vendedores por Telefone

- Cuidado com vendedores que adotam estilo agressivo. Não concorde em comprar nada apenas porque eles o intimidam, incomodam ou ameaçam.
- Se eles não respondem suas perguntas sensatas sobre suas empresas ou produto/serviço, não compre.
- Desconfie de qualquer coisa que estiver sendo oferecida a um preço muito menor do que o habitual.
- Desconfie especialmente se um pagamento imediato for uma condição da transação.
- Peça detalhes por escrito daquilo que está sendo oferecido.

Tratar da Documentação

- Examine cautelosamente *faturas* para garantir que elas não sejam, na realidade, solicitações.
- Não complete nem retorne formulários, a não ser que você esteja certo de que eles sejam ou não formulários de pedidos.
- Leia o segmento de letras miúdas de qualquer documento relacionado a compras com o qual você não esteja completamente familiarizado.

- Não peça nenhuma publicação em um diretório, a não ser que você esteja confiante de que seja provável que seus clientes usarão aquele diretório para encontrá-lo.
- Mantenha registros adequados de todas as transações de Compras.

Transações no Exterior

- Seja cauteloso com correspondências de locais com os quais você normalmente não negocia.
- Não responda de maneira alguma a cartas "419" da Nigéria.

Comprar Propaganda/Listagem de Publicações

- Trate somente com editores que você conhece e confia.
- Obtenha dados de circulação verificáveis.
- Examine cópias de amostras de edições anteriores.
- Mantenha uma lista de publicações em que você anuncia, a fim de que possa verificar as afirmações de que "isto é uma renovação".
- Verifique o caráter da publicação que está sendo oferecida. A publicação de primeira linha tem utilidade para você mesmo se o diretório for legítimo?
- Não seja menos vigilante sobre o valor da propaganda somente porque a editora declara conexão com uma causa de caridade.

Técnicas de Vendas Sob Alta Pressão

- Cuidado com vendedores que não aceitam um não como resposta e têm uma resposta pronta para qualquer hesitação, inquérito ou objeção.
- Não se sinta pressionado a tomar uma decisão imediata. Se o que está em oferta é um bom negócio hoje, também o será em mais uma semana.
- Cuidado com ofertas especiais. Se lhe disserem que você é a única pessoa que tem direito a uma oferta, pergunte-se por quê.
- Questione a solidez de qualquer empresa que não possa lhe fornecer por escrito informações sobre seus produtos ou serviços. Desculpas como "não temos tempo para isto", "este é um produto novo e ainda não temos nenhuma literatura" devem ser tratadas com desconfiança. Uma razão por que os golpistas não gostam de emitir declarações por escrito é que falsas declarações por telefone são difíceis de se provar, ao passo que falsas declarações por escrito podem conduzi-los à linha divisória do golpista.
- Realize cuidadosas análises de custo e benefício antes de comprar garantias estendidas.

Tratar Com Consultores

- Fique atento com relação aos *pagamentos por resultados*; garanta que você entende como os resultados serão avaliados.
- Não pague adiantado.
- Faça uma busca de clientes satisfeitos.
- Verifique se eles são membros de sociedades profissionais adequadas.

Verificar Fornecedores

- Verifique com a associação comercial adequada se você não tiver certeza sobre a veracidade dos fornecedores potenciais.
- Use uma agência de referência de crédito reconhecida para verificar a confiabilidade comercial dos novos fornecedores.
- Compre de fornecedores que você conhece e confia.
- Fique atento a ligações frias.

Linhas de Telefone Com Tarifa Especial

- Tenha uma política da empresa relacionada ao uso de linhas com tarifa especial de telefone e fax.
- Faça uma análise minuciosa das contas para verificar a conformidade com a política.
- Use *restrição de chamadas* para números de tarifa majorada, se necessário.

Comprar na Internet

- Verifique a segurança de qualquer site em que você compra.
- Não compre nada em resposta a um e-mail de *spam*.
- Instale *firewalls* sólidos para proteger seus sistemas contra a intrusão mal intencionada.
- Troque senhas regularmente e não escolha nada óbvio (como "senha", por exemplo).

Pagamento

- Certifique-se de que todo mundo na seção de pagamentos da organização reconheça claramente as diferenças entre uma fatura e uma fatura pró-forma.
- Analise as contas que você recebe antes de pagá-las. Isso abrange contas de telefone e de fax.

- Nunca pague adiantado.
- Não espere algo sem pagar nada.
- Incentive o uso de cartões de compras para pagamentos.
- Revise seus extratos de cartão assiduamente para ter certeza de que seus dados não estão sendo violados.
- Não pague por nada a não ser que você saiba que aquilo foi devidamente pedido, foi fornecido de acordo com a satisfação do cliente e que você tem a obrigação de pagar.

Ser Caridoso

- Resista à pressão de fazer doações de imediato. Uma legítima instituição de caridade receberá tão bem suas doações na próxima semana como hoje.
- Verifique se a instituição de caridade beneficiada por seus brindes ou compras é autêntica e bem administrada.
- Fique atento sobre os nomes que são similares aos de instituições de caridade legítimas, mas não são propriamente os mesmos.
- Se você quiser comprar de uma organização que repassa parte da receita para a instituição de caridade, faça as seguintes perguntas a si mesmo (ou ao fornecedor): que proporção do preço de compra a instituição de caridade realmente recebe? Eu preciso mesmo da mercadoria ou dos serviços (se não, por que simplesmente não doar o dinheiro diretamente para a instituição de caridade?).
- Adote uma política empresarial sensata em relação à instituição de caridade corporativa, doando aquilo que maximize o valor do dinheiro usado tanto para a instituição de caridade como para a empresa que faz a doação.
- Se você estiver fazendo uma doação direta, faça-a por cheque (não em dinheiro) nominal à instituição de caridade (não para um intermediário).
- Não diminua sua vigilância na época do Natal ou de grandes catástrofes.

Confiar

- Reconheça a confiança como um elemento valioso em transações comerciais e não a dispense indiscriminadamente.
- Pergunte que recursos você tem se alguma coisa der errado. Uma garantia por escrito é melhor que uma garantia verbal, a não ser que seja de uma empresa infundada, em cujo caso ela é potencialmente inútil.
- Lembre-se de que os golpistas mais bem-sucedidos são os mais desonestos, astutos e convincentes; não acredite em tudo o que as pessoas lhe contam.

Reportar Um Golpe

- Se você quer que as autoridades a quem está reportando um golpe possam responder efetivamente, você precisa agir rapidamente; qualquer demora possibilita ao golpista tirar dinheiro de outras empresas e muito possivelmente encerrar suas operações e seguir em frente.
- Não seja irrealista em suas expectativas sobre aquilo que as autoridades possam alcançar. A maioria dos golpes envolve pequenas somas de dinheiro e vítimas negligentes (até certo ponto). Sua reclamação não deve ir além da lista de prioridades e, se for, as ações potenciais disponíveis podem ser limitadas se o golpista seguiu os passos para preparar a defesa contra acusações de ilegalidade.
- Alerte seus colegas da empresa sobre golpes, notifique a Câmara de Comércio local ou o BBB (*Better Business Bureau*).
- Se você quer reclamar sobre propaganda enganosa, contate a *Advertising Standards Authority*.
- Para reclamar sobre golpes envolvendo uma chamada telefônica, notifique a OFTEL ou a ICSTIS se for uma chamada telefônica de tarifa especial.
- Se você acredita que um crime foi cometido, fale com a polícia.

A lista de verificações acima tem como objetivo ajudar a evitar que golpes sejam aplicados em você e em sua organização. Conte a seus colegas; mostre-lhes exemplos dos documentos que os golpistas usam. Notifique a Câmara de Comércio local, o *Better Business Bureau* (EUA) ou Serviço de Correios dos EUA, se adequado, de forma que eles possam advertir os respectivos membros sobre a mais recente variante de golpe que está rodando por aí.

Acima de tudo, lembre-se da regra de ouro: "Se parece bom demais para ser verdade, provavelmente é."

Índice remissivo

F

G

H

I

L

M

N

O

P

Q

R

S

T

U

V

Impressão e acabamento:

Orgrafic
Gráfica e Editora
tel.: 25226368